読む！ 書く！
聞く！ 話す！

ゼロから1人で台湾華語

林斯啓
欧米・アジア語学センター
［著］

あさ出版

まえがき

ここ数年、日本では「日台友好」や「台湾ブーム」という社会ムードの中、台湾との観光やビジネスなどの交流が盛んになっています。

日本人の旅行先として、台湾は常に上位にランキングされるほど大人気であり、小籠包やタピオカミルクティー、パイナップルケーキなどは、日本人にもすっかりおなじみとなりました。

こうしたなか、さらに台湾に興味・関心を持ち、「今度は台湾の言葉を知りたい」と思う方も少なくないようです。

本書は、「台湾の人たちは普段、どんな言葉（言語）を話しているの？」「台湾華語ってどんな言葉（言語）？　台湾語や中国語とは違うの？」「台湾華語は難しい？」など、「0から」――つまり、初めて「台湾の言葉に興味を持って、学習したい」と思う超初学者に向けて、書かれた1冊です。

これまで台湾華語を学んだことない、または台湾華語の知識を持たない方でも、1人で抵抗なく簡単に勉強できるように、台湾華語の基本文型と基礎表現をしっかり押さえ、わかりやすくかつ、系統的に学習できるように構成されています。

さらに、細かな文法の分析や説明よりも、単語の習得に学習のウェイトを置き、例文の単語を入れ替え、日常生活の中でその時々に応じて、自由に台湾華語を使いこなせるようになることも重視しました。

本書では、まずプロローグで「台湾華語はどんな言葉か」を紹介したのち、1章で発音方法とコツを学びます。

2章ではすぐ使え、かつ発音の練習にも役に立つ短いフレーズを紹介し、3章では基本文型を学んでいきます。

4章では数字・数量や時間・日付、金額などの数字関連の表現を、5、6章では疑問、依頼、可能など、さまざまな台湾華語の基礎表現をさらに学び、日常生活でよく使われている基礎会話の文型を、ほぼカバーしています。

さて、新しい言葉の学習には、よい教科書や先生も大切ですが、「読む、書く、聞く、話す」ことを、重ねて練習・復習する、日々の学習（トレーニング）が重要になります。

特に、台湾華語は声調言語であるため、付属の音源を繰り返し聞き、リピートし、正確な発音、声調を身につけましょう。

そうしてトレーニングを重ねるうち、台湾の友人、または中華料理店での注文や台湾出張・旅行、現地での買物の際に、自分が話した台湾華語が相手に伝わり、または相手のいうことを理解することができれば、何よりです。

本書を通じて、台湾華語の習得を目指している方々の助力になればと心より願っています。

さらに、台湾華語そして台湾に対する理解を一層深めていっていただければ、私にとってこんなに嬉しいことはありません。

您好！歡迎來到台灣華語的世界！

〜ようこそ！　台湾華語の世界へ！

2021年12月

林斯啓

目　次

3 章　台湾華語の基本文型

4 章　数字と数字関連の表現

5章　台湾華語　基本文型の活用Ⅰ

6章　台湾華語　基本文型の活用Ⅱ

編集協力／仲山恵玲
本文イラスト／浜野　史

音声ダウンロード方法

下記のQRコード、またはURLから専用サイトにアクセスします。

※これ以外のURLからアクセスされますと、無料のダウンロードサービスを、ご利用いただくことができませんのでご注意ください。
※URLは「www」等の文字を含めず、正確にご入力ください。

http://special.asa21.com/special/taiwankago

<ご注意>

・PCからでも、iPhoneやAndroidのスマートフォンからでも音声を再生いただけます。
・音声は何度でもダウンロード・再生いただくことができます。
・書籍に表示されているURL以外からアクセスされますと、音声をご利用いただけません。 URLの入力間違いにご注意ください。
・ダウンロードについてのお問い合わせ先：info@asa21.com
（受付時間：平日の10～17時）

プロローグ

台湾華語ってどんな言葉？

中国は地理や歴史、民族的要素により、「北京語」や「上海語」、「閩南語」、「広東語」など、各地域においてその地域独自の言葉（方言）が形成されています。

しかし、各方言はまるで別言語のように差異が大きく、同じ中国人同士・民族でも話す方言が違うと互いに理解ができず、共通の言葉が必要になりました。

そこで、戦前の中華民国が中国大陸を統治していたときに「国語運動」を通じて、北方の「官話」を基礎に「北京語音」を標準音として規範し、中国語の標準語が成立しました。

この中国語の標準語は戦後、台湾でも推進普及し、台湾島内では一般的に「国語」、対外には「台灣華語」（以下台湾華語）、あるいは単に「華語」と称されるようになりました。

現在、台湾ではテレビ放送や学校教育、日常生活などあらゆる場面で、この「台湾華語」を公用語として使用しています。

一方、台湾では明、清の時代からの主に福建南部の閩南人や客家人の移民によって、日常生活ではホーロー語（福佬語／河洛語）や客家語の使用もまた定着していました。

さらには、日本統治時代に入ってきた日本語の影響も受け、台湾華語には、ホーロー語や客家語、日本語語彙などを華語化した台湾独自の用語や言い方（イントネーションや声調、言い回し）も多く存在しています（ｐ９／台湾華語の由来参照）。

ただ、日常生活で多用されているホーロー語、客家語、日本語由来の言い方、言い回しは、学校教育や公的場面では正規の言い方と見なされず、規範外の言葉とされています。

◎台湾華語の由来

台湾華語	普通话	由来	日本語
高麗菜	甘蓝菜		キャベツ
奇異果	猕猴桃		キウイ
歐吉桑		日本語	おじさん
歐巴桑		日本語	おばさん
運醬		日本語	運転士
捷運	地铁		地下鉄
機車	摩托车		バイク
拍謝		ホーロー語	すみません

さて、中国共産党が統治した中国大陸においては、1950年代頃に新たに標準中国語の規範が制定されました。

その最大の改革は、従来の漢字を簡略化した「簡体字」の使用とアルファベットによる発音表記（漢語ピンイン）にしたことです。

中国大陸では一般にこうした新たに基準化された標準中国語を「普通话（Pǔtōnghuà ／プゥトンホア)」(以下、普通語と表記）と称しています。

台湾華語も普通話も基本的に同じであり、いずれも標準中国語と考えていいと思います。しかし、前述の通り台湾華語には台湾華語特有の言い方があり、微妙でありながらも中国の普通話と異なります。

また、「普通話」は「台湾華語」より厳しい文法や声調の規律があります。

ただ、少々違いはあるものの、台湾華語は普通話や東南アジアをはじめとする世界中の華人社会の中国語と相互理解が可能なのです。

1 表記

台湾華語（中国語）は漢字のみで表記される言語です。外来語（音訳）も漢字で表記されます。

日本語と似ている単語も多くありますので、表記がまったく同じではなくても、漢字の形や音からイメージしやすく、そこから意味を察しやすい単語もあります。

◎日本語とまったく同じ表記、同じ意味で使われている単語

「商店」「公園」「職員」「結婚」「運動」「散歩」など。

このほか、漢数字（一、十、百、千）なども、日本の漢字と同じように使われています。

◎表記が同じではないが、イメージから意味を推測しやすい単語

「便利商店（コンビニ）」「介紹（紹介）」「便當（弁当）」「電腦（パソコン）」「郵局（郵便局）」「棒球（野球）」など。

◎中国語の外来語（音訳）

「可樂（コーラ）」「咖啡（コーヒー）」「巧克力（チョコレート）」
「義大利（イタリア）」「麥當勞（マクドナルド）」
「保齡球（ボウリング）」

などがあります。

漢字の読み方がわかれば、音から意味を推測しやすくなります。

これは、同じく漢字を使っている日本人にとっては、学習するうえで有利な点といえるでしょう。

なお、台湾華語は「繁体字（正体字）」が表記漢字として使用されています。これについては、16ページで詳しく説明します。

2 発音

①日本語に似ている発音がある

台湾華語（中国語）と日本語は古くから互いに影響しているため、似たような発音の単語がいくつもあります。

中でも**日本語とまったく同じ表記、同じ意味で使われている単語の発音**は、**日本語の音読みに近い**ものも多くあります。

◎紅茶（ホンチァー）／紅茶
◎豆腐（トゥーフ）／豆腐
◎散歩（サンプー）／散歩
◎電話（ディエンホア）／電話
◎大樓（ダーロウ）／ビル

②声調によって意味が異なる

台湾華語（中国語）には歌を歌っているようにも聞こえる、独特のトーンの上がり下がりがあります。これを声調といいます。

この**声調は４つのパターンがある**ことから「四声（しせい）」とも呼ばれており、**それぞれ異なる声調記号を持っています**（声調記号の付かないものも１種類ありますので、実際には５種類あります）。

また、**台湾華語（中国語）は一つひとつの文字が、四声を持ち、同じ発音でも声調が変われば意味も漢字（表記）も違ってきます。**

たとえば、

◎「mai」の場合

・「mǎi（3声）」／「買（買う）」

・「mài（4声）」／「賣（売る）」

◎「shui jiao」の場合

・「shuì jiào（4声、4声）」／「睡覺（寝る）」

・「shuǐ jiǎo（3声、3声）」／「水餃（水餃子）」

を表します（詳しくはｐ22で説明）。

また、台湾では漢字の読み方（発音）を示すための発音記号の表記として、「注音符號（注音符号）」（ｐ25）を標準規範として使用しています。

ただ、本書では学習のしやすさなどを踏まえ、**「ローマ字による漢語発音表記（ピンイン）」**を使っていきます（詳しくはｐ17で説明）。

3 文法

①英語に似ている

台湾華語（中国語）の初歩の文法には、英語に似ている部分が多くあります。基本法則は、日本語や英語よりも変化が少なく、理解しやすい部分が多いかもしれません。

I am Japanese.
我 是 日本人 。
私は日本人です。

I study Chinese.
我 學習 台灣華語 。
私は台湾華語を学習します。

I eat xiao long bao*. ＊little dumplingとも
我 吃 小籠包。
私はショウロンポウを食べます。

など、語順は英語と共通しています。

②孤立語

漢字は表意文字のため、原則として１文字がそれぞれ独立した意味を持っています（使い方によって、いくつかの意味を持っている場合もあります）。

それらの文字の組み合わせで単語が構成され、さらに一定の語順を守ることによって文が形成されます。つまり、

◎英語の
・格変化（“I・my・me”など）
・人称による変化（“like→likes”など）
・動詞活用語尾変化
（“study→studied→studying”など）
※日本語では“歩く→歩いた→歩こう”など

はなく、

◎“私”なら「我」
◎“食べる”なら「吃」
◎“買う”なら「買」
◎“行く”なら「去」

のように、それぞれ１つの単語だけを覚えていれば、よいことになります。また、「て・に・を・は」のような助詞もありませんので、覚えた単語を一定の語順に従って綴れば文が形成されます。

以上のようなことから、台湾華語（中国語）は「読む」「書く」「聞く」「文法」のいずれを見ても日本人にはイメージしやすく、比較的なじみやすい言語であることがわかります。

1章

台湾華語へのいざない

まずはウオーミングアップ。
台湾華語とはどういう言語なのかを紹介します。言葉の特徴をつかんで、台湾華語と仲良くなってください。
さらに文字表記や発音の勉強のしかたを紹介します。
発音は音源をよく聴いて、恥ずかしがらずにマネをしてみましょう。
そうするといつの間にか、台湾華語が身近に感じられるようになりますよ。

01 繁体字とピンイン（発音記号）と四声（声調符号）

1 繁体字（正体字）

台湾華語は「繁体字（正体字）」を規範字体として使っています。

「繁体字」とは普通話の「簡体字」とは対照的に、従来使われてきた筆画が多い漢字のことで、日本語の旧字体と似ています。

○台湾繁体字と大陸簡体字及び日本漢字の比較

台湾繁体字	大陸簡体字	日本漢字
聽	听	聴
說	说	説
讀	读	読
寫	写	写
學	学	学
習	习	習
華	华	華
語	语	語
電車	电车	電車
音樂	音乐	音楽
體育館	体育馆	体育館

では、次の単語は何を意味すると思いますか？

①歡迎　②足球　③新聞　④醫院

答えは順に、① 歓迎（ようこそ）、②サッカー、③ニュース、④病院となります。日常的に漢字を使っている日本人には、察しがつきやすいのではないでしょうか。

2 ピンイン

台湾華語（中国語）では、漢字の読み方（発音）を示すための発音記号として、アルファベット式の「漢語ピンイン表記」が使われています。

日本語のふりがなや英語の音標に相当するもので、**発音記号で示した通りに漢字を発音**します。これを「ピンイン（拼音）」といいます。

たとえば、みなさんがよく知っている「ニーハオ！」ですが、

漢字で書くと	発音記号（ピンイン）では
你 好	nǐ hǎo

となります。「你」は“あなた”、「好」は“良い”という意味です。

また、台湾華語（中国語）のピンインには、

①ü（yu）　②zhui　③xuan
④qiao　⑤ceng

などのように、日本語にも英語にもない発音があります。

本書では、ピンインにさらにカタカナのルビを振って表記します。

しかし、人によって感じ方はもちろん違い、かつ、できるだけ台湾なまりに近い発音の雰囲気を作り出そうとしているため、ほかの本のカタカナ表記と異なる場合が当然あります。

さらに前述したように、日本語にない音もいくつかありますので、正確な発音とはズレが生じやすいのも事実です。

あくまで学習の助けになる参考程度にして、できる限り音源をよく聞き、発音の感覚を身につけてほしいと思います。

3 四声（声調符号）

同じピンイン表記でも、声調が変われば漢字が違って意味も変わるということを、p12で説明しました。

つまり、台湾華語（中国語）では**「ピンインと四声」を組み合わせて初めて、「1つの漢字が指定できる」**ということになります。

ピンインの組み合わせが約400あり、そこに声調が加わることによって漢字が指定されるため、台湾華語（中国語）の文字数は常用で約1万字あるともいわれています。

同音異義語（同音異字）が、いかに多いかがわかります。

また、わずかながらも複数の読み方を持つ漢字もあります（およそ2～4パターン。割合にして10～15文字に1文字程度）。

ピンインと四声は漢字の読み方だけでなく、辞書を引くときや台湾華語（中国語）でパソコン・携帯電話に入力するときも必要です。

最初の段階からしっかりと身につけましょう。

p22から、さらに詳しく学んでいきます。

4 台湾華語（中国語）の音節（拍子）と発音方法

台湾華語（中国語）は漢字１つで１つの音節（拍子）になります。

はっきりした長音と短音の区別がなく、語彙や文章を発音する際に１つの漢字ごとに１つの音＋声調が聞こえます。

◎愛　a＋ i ＋第4声
→ài

◎友　i+ou+第3声
→iǒu（ピンイン表記：yǒu）

◎追　zh+u+ei＋第1声
→zhuī（u+ei ／ピンイン表記：ui）

◎裝　zh+u+ang＋第1声
→zhuāng

◎九　j+i+ou＋第3声
→jiǔ（i+ou ／ピンイン表記：iu）

それぞれ発音記号の音を、１つの音に聞こえるように融合して、さらに声調をつけて発音しましょう。

これが台湾華語（中国語）ピンイン（拼音、pīn yīn）の発音方法です。

単母音（p26）１つのみ単独で発音されることを除いて、このルールによって発音します。

02 台湾華語（中国語）は立体的に覚えよう！

ここまで繁体字・ピンイン・四声について説明してきました。

Wǒ xuéxí táiwān huáyǔ ←ピンイン＋四声

我 學習 台灣 華語。 ← 繁体字

私は 学習する 台湾 華語を

というように、台湾華語は

「繁体字＋ピンイン＋四声」
→単語・語彙
→文章（一定のルールと語順で）

で表現されます。

新しい単語を覚えるときには、まず**漢字ごとに「繁体字＋ピンイン＋四声」を覚えて、加えて単語の「意味」と「実際の音」を１セットにして、立体的に身につけていきましょう。**初歩の段階でこれをしっかりやっておけば、後になってグーンと楽になります。

何度もいうように、台湾華語（中国語）の漢字は日本語とは違い、基本的に１つの漢字に対して読み方が一種類のみです。

複数の読み方をする漢字もありますが、日常で使っている漢字ではそれほど数は多くありません。１つの文字を一度正確に覚えれば、読める単語数のアップにすぐにつながります。

また、形の似ている文字（同じ偏旁冠脚）は発音も似ています。
読める文字が増えれば、似た形の文字を辞書で調べるときに「こんな発音じゃないかな？」と予測しやすくなります（先述したように、中国語辞典は、ピンインのアルファベットで英和辞典のように引くのです）。

華人社会では、ピンインと四声はあくまで補助的なものであるため、新聞や看板、テレビ字幕など公的なものは漢字だけの表記になります。
ただ、漢字の読み方をしっかり覚えていけば、ピンインと四声がなくても読めるようになります。

このあたりでまたちょっとクイズ。
次の単語は何を意味するでしょう？

①先生　②大家　③汽車　④書　⑤老婆

答えは順に、①ミスター（男性敬称の「○○さん」）、②皆さん、③自動車、④本、⑤妻・奥さん。

こうしてみると、台湾華語（中国語）は漢字で書かれ、一部の意味や読み方は日本語と似ている反面、異なる部分も多くあるということがわかります。
ただ、日本人はすでに漢字という表記の手段を持っているわけですから、非漢字圏の学習者に比べ、圧倒的に有利な立場で学習を進められることは確かです。

03 ピンインの発音練習①
四声

CD2 1-

まず声調を表す四声を覚えましょう。

声調とは音の上げ下げや高低のトーンのことで、**台湾華語（中国語）では、第１声から第４声まであります（四声）。**

この四声の符号をピンインの上に付けて、アクセントや調子を表します。

ただし、これは絶対的な音の高さを表すものではありません。

人それぞれ音の高さが違いますので、調子の区別というくらいに考えましょう。

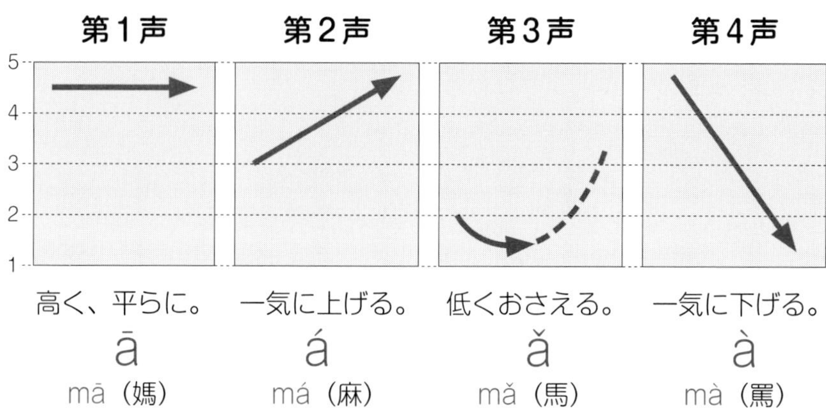

第１声	第２声	第３声	第４声
高く、平らに。	一気に上げる。	低くおさえる。	一気に下げる。
ā	á	ǎ	à
mā（媽）	má（麻）	mǎ（馬）	mà（罵）

第１声	高音で水平。高く平らに同じ高さで発音する。 mā（**媽**　意味：お母さん） ⇒歌を歌う時のド・レ・ミ・ファ・ソのソに近い。
第２声	低音から高音へ一気に上がる。 急いで上がって、そのまま終わる。 má（**麻**　意味：麻） ⇒人に何かを聞き返すときや、 　びっくりしたときの「えぇっ？」に近い。
第３声	ぐーっと低くおさえて、尻だけが少し上がる。 ゆっくり長めにするのがコツ。 mǎ（**馬**　意味：馬） ⇒第１声とは対称的に、低い部分がポイント。
第４声	出だしを高く、上から下へ一気に下げる。 mà（**罵**　意味：ののしる） ⇒「さぁ！行こう」の「さぁ」、「こう」に近い。
軽　声	軽く短く発音される音。

第１声＋軽声

第２声＋軽声

第３声＋軽声

第４声＋軽声

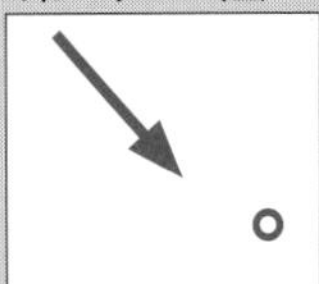

軽声には声調符号は付けず、固有の高さはありません。
前の音節によって高さが決まります。
あまり意識せずに、前の音に軽く添えるようにします。

練習

maの第１声から第４声に、軽声を付けて練習してみましょう。

1＋軽	2＋軽	3＋軽	4＋軽
māma	máma	mǎma	màma
マーマ mā ma 媽媽 母さん	イエイエ yé ye 爺爺 爺さん	ナイナイ nǎi nai 奶奶 婆さん	バーバ bà ba 爸爸 父さん

ちょっと応用～台湾華語の発音特徴

台湾華語の発音と声調の特徴として、

・普通話に比べて児（r）化音をほとんど使わない

・そり舌（巻き舌）音が不明確、軽声の使用比率が低い

があります。

話す際には、舌はほぼ平らに保ち（平ら舌）、舌の動きや口の開き具合も普通話よりやや小さく、全体としてソフトな感じがします。

このような発音特徴は、中国南部の一部地域の普通話やシンガポール、マレーシアなど、東南アジアの華人社会の中国語にも見られます。

また、

ファーグォー Fà guó 法國 フランス	プータォ pú táo 葡萄 ぶどう	シェンセン xiān shēng 先生 Mr. (男性敬称の「さん」)	ウェーシャウ wéi xiào 微笑 微笑み

などは、普通話の声調と異なります。

● column　ちょっとひと休み

p 12でも少し触れたように、台湾では漢字の発音表記はピンインではなく「注音符號（注音符号）」が標準規範として、今も盛んに使われています。

「注音符号」は中華民国政府が標準中国語を制定した当時、日本のカナ文字を参考にして1918年に公布されたものです（下図参照）。

○台湾華語注音符号と漢語ピンイン対照表

注音符号／ピンイン										
ㄅ b	ㄉ d	ㄍ g	ㄐ j	ㄓ zhi (zh)	ㄗ zi (z)	ㄚ a	ㄞ ai	ㄢ an	ㄦ er	ㄧ yi (-i)
ㄆ p	ㄊ t	ㄎ k	ㄑ q	ㄔ chi (ch)	ㄘ ci (c)	ㄛ o	ㄟ ei	ㄣ en		ㄨ wu (-u)
ㄇ m	ㄋ n	ㄏ h	ㄒ x	ㄕ shi (sh)	ㄙ si (s)	ㄜ e	ㄠ ao	ㄤ ang		ㄩ yu (-u, -ü)
ㄈ f	ㄌ l			ㄖ ri (r)		ㄝ ie	ㄡ ou	ㄥ eng		

しかし、現在漢字の発音表記を注音符号で示すのは、世界中でも台湾のみです。

また、特に台湾で初等教育を受けていない非母語の学習者が、新たに注音符号を習得するのは非常にハードルが高く、2008年より台湾政府も台湾華語の発音表記として、「漢語ピンイン」を公式に追加採用しています。

本書でも、より多くの方が抵抗なく学習でき、また近年台湾華語を学ぶ日本人は、一般的に漢語ピンインによる学習をしている実情から、注音符号による発音表記を省略し、漢語ピンイン表記のみを採用しています。

04 ピンインの発音練習②
単母音

CD3 1-⊙

ここでは、基本の単母音（日本語のアイウエオに相当するもの）で発音の練習をしてみましょう。

単母音は以下のように、全部で７種類あります。

a	日本語の「ア」よりも口を大きく開ける。
o	日本語の「オ」よりも唇を丸く突き出す。
e	口の形は横に引いて「エ」。声は喉の奥から「オー」。
i（yi）	「イー」と言うように唇を左右に引く。
u（wu）	唇を小さく丸めて突き出して「ウー」と発音する。
ü（yu）	「ウ」の口で「イ」と発音。 口笛を吹くときの感じで、唇は震える。
er	「e」の発音をしながら舌先を中に引く。

※（　）内は、子音がないときの綴り。

母音ですので、単独で発音されることもあれば、子音の後ろに付いて発音されることもあります。

単母音「i」「u」「ü」を単独で発音するときは、上図の（　）内のように**それぞれ「yi」「wu」「yu」と表記を変えます。**

単母音の中でも、「e」「ü」は日本語に似た発音がないので、苦手とする人が特に多いようです。

また、**「a」と「e」、「u（wu）」と「ü（yu）」はよく似ています**ので、違いをよく聴き取って正しい発音を覚えましょう。

練習

①単母音と四声を組み合わせて、次の発音をしてみましょう。

アー è 餓 腹が減る	イー yī 一 1	ウー wǔ 五 5	ユィ yú 魚 さかな
アー èr 二 2	アー イー ā yí 阿姨 おばさん （母の姉妹）	アー ユィ è yú 鱷魚 ワニ	イー ウー yì wù 義務 義務

②次の組み合わせを発音してみましょう。

ⅰ）e — er
ⅱ）i（yi）— ü（yu）
ⅲ）u（wu）— ü（yu）
ⅳ）i（yi）— u（wu）— ü（yu）

05 ピンインの発音練習③ 複合母音

CD4 1-

複合母音は、２つ以上の単母音を組み合わせたものです。

聞き慣れない名前かもしれませんが、日本語にも、ヤ（ya)、ヨ（yo)、ワ（wa)、ワィ（wai)、ウェー（wei）など似たような発音があります。

単母音がしっかりできれば、複合母音は簡単にできると思います。

複合母音は次のように13種類あります。

①	ai	ei	ao	ou	
②	ia (ya)	ie (ye)	ua (wa)	uo (wo)	üe (yue)
③	iao (yao)	iou (you)	uai (wai)	uei (wei)	

※（　）内は、子音がないときの表記。

上記①は前の音の口を大きく開けるもの。

②は後の音の口を大きく開けるもの。

③は間の音の口を大きく開けるもの。

　複合母音はいずれも単母音の重なったものですが、**発音するときには別々にせず、１つの音に聞こえるように、滑らかに融合して発音**しましょう。

　また、複合母音での「e」は単母音のような音ではなく、日本語の「エ」のように発音します。

※「iou」「uei」の前に子音が付くときは、「iu」「ui」と表記しますが、発音は「iou」「uei」のまま変わりません。

練習

複合母音と四声を組み合わせて、次の発音をしてみましょう。

アイ ài 愛 愛	ウォー wǒ 我 わたし	ヨゥー yǒu 有 ある	ユェ yuè 月 月
ウァイ wài 外 外	ウァウァ wá wa 娃娃 赤ちゃん・人形	イェイェ yé ye 爺爺 爺さん	イァウユェ yāo yuē 邀約 誘い

06 ピンインの発音練習④ 鼻母音

CD5 1-

鼻母音とは単母音や複合母音の語尾に、**「-n（前鼻音）」**または**「-ng（後鼻音）」**をともなった発音のことで、台湾華語（中国語）では16種類あります。

・**-n（前鼻音）**
母音を発音しながらあご全体を持ち上げ、最後に舌先を上の歯茎につけて発音（最後まで唇を閉じないように注意しましょう）。

・**-ng（後鼻音）**
口をやや開いたままに母音を発音し、音を鼻腔にかけ響かせて「ng」を発音。

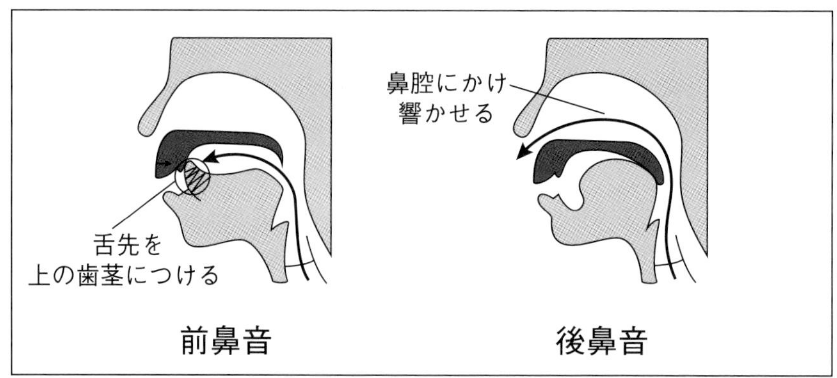

ちなみに、「an」と「ang」を日本語のイメージで言うと、

◎「-n」は「案内（あんない）an－nai」の「ん（n）」
◎「-ng」は「案外（あんがい）ang－gai」の「ん（ng）」

となります。

1　舌先を歯茎に「つける」と「つけない」

「-n」の発音はすべて舌先を歯茎に「つける」、「-ng」の発音はすべて舌先を歯茎に「つけない」というように覚えましょう。

舌先を歯茎につける（前鼻音）	舌先を歯茎につけない（後鼻音）
an	ang
en	eng
ian（yan）	iang（yang）
in（yin）	ing（ying）
uan（wan）	uang（wang）
uen/-un（wen）	ueng（weng）
ün/-un（yun）	-ong
üan/-uan（yuan）	iong（yong）

2　鼻母音の表記と発音の注意点

①（　）内の表記は母音として単独で発音するときの綴りです。

②ian（yan）とüan（yuan）を発音する際、それぞれian（yan）をイエン、üan（yuan）をユエンと発音します。イァン、ユァンではないので注意しましょう。

③-ongは単独で発音せず、必ず子音に繋いで発音します。

④uenは子音の後ろに続くとき「-un」と表記し、ünとüanはj，q，xに続くときに「-un」，「-uan」と表記します。

発音が変わるだけで、発音記号は変わらないことに注意しましょう。

なお、台湾華語では「**en**」と「**eng**」、「**in（yin）**」と「**-ing（ying）**」の区別がはっきりしません。

ほぼ「**en**」や「**-in（yin）**」のように発音します。

練習

①「子音＋鼻母音＋四声」の組み合わせで、
次の発音をしてみましょう。

チン qǐng **請** どうぞ、 ～てください	デェン děng **等** 待つ	ユェン yuán **元** 元（中国、 台湾通貨単位）	リェン liǎn **臉** 顔
シェンセン xiān shēng **先生** Mr. （男性敬称の「さん」）	ウン ヌァン wēn nuǎn **溫暖** 暖かい、温暖	ツァングァン cān guān **參觀** 参観、見学	インハン yín háng **銀行** 銀行

②四声の組み合わせに注意して、
次の単語を発音してみましょう。

ディェンナウ diàn nǎo **電腦** パソコン	スーツォン shí zhōng **時鐘** 時計	ヘェンビン Héng bīn **橫濱** 横浜
ドゥンジン Dōng jīng **東京** 東京	ユィンドン yùn dòng **運動** スポーツ	ホゥアンチェン huàn qián **換錢** 両替

● column　ちょっとひと休み

順番が逆になる!?

日本語の熟語を台湾華語（中国語）で表記する場合、順序が逆になるものがよくあります。

意味はどれも日本語と同じです。おもしろいですね。うっかり間違えないように要注意です。

日本語		台湾華語（中国語）
平和	→	和平
制限	→	限制
相互	→	互相
段階	→	階段
紹介	→	介紹
運命	→	命運
短縮	→	縮短
面会	→	會面
言語	→	語言
期日	→	日期

07 ピンインの発音練習⑤ 子音

CD6 1-◎

台湾華語（中国語）の子音は全部で21種類あります。

発音のコツとして、

・無気音／息を意識せず自然な感じで。

・有気音／息を意識して強めに出す。

※ティッシュなどを口の前に垂らし、 発した瞬間に紙が揺れる程度の強さ。

を意識するとよいでしょう。

	無気音	有気音		
唇を使う音	b（o）	p（o）	m（o）	f（o）
舌の先と上の歯茎を使う音	d（e）	t（e）	n（e）	l（e）
上あごの奥と舌のつけ根を使う音	g（e）	k（e）	h（e）	
舌面と上あごで出す音	j（i）	q（i）	x（i）	
舌を立てるようにして摩擦させる音（巻き舌音）	zh（i）	ch（i）	sh（i）	r（i）
舌先を前歯の裏にあてる音	z（i）	c（i）	s（i）	

なお、「zhi」「chi」「shi」「ri」「zi」「ci」「si」と表記されるとき、「zh」「ch」「sh」「r」「z」「c」「s」の後ろの「i」は、口の形を示すもので母音の「i（yi）」ではないので、発音しません。

また、台湾華語では「zhi」と「zi」、「chi」と「ci」、「shi」と「si」の区別がはっきりしません。ほぼすべて「zi」、「ci」、「si」と発音します。

練習

①「子音＋単母音＋四声」の組み合わせで、
次の発音をしてみましょう。

ビー bǐ 筆 ペン	フー hē 喝 飲む	スゥー shū 書 本	チャー chá 茶 お茶
チー qī 七 7	バーバ bà ba 爸爸 父さん	チーチェ qì chē 汽車 自動車	ディードゥ dì tú 地圖 地図

②「子音＋複合母音＋四声」の組み合わせで、
次の発音をしてみましょう。

チュー qiú 球 ボール	ホゥア huā 花 花	グェイ guì 貴 高い	マァウ māo 貓 猫
ニャウ niǎo 鳥 鳥(とり)	スゥエジャウ shuì jiào 睡覺 寝る	ニォウナイ niú nǎi 牛奶 牛乳	リォウシュエ liú xué 留學 留学

③次の組み合わせを発音してみましょう。

i ）ba — pa　　ii ）du — tu　　iii ）ge — ke
iv ）ji — qi　　v ）zhi — chi — shi
vi ）si — ri　　vii ）zu — cu — su　　vii ）xia — qia

08 発音上の注意

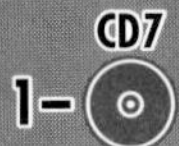

1 半3声と第3声の変調

①半3声

第3声の後ろに第1・2・4・軽声が続く発音の場合、尻が上がらず低くおさえた形で発音し、次の声調を発音します（「半3声」）。

3声 ＋ 1声	ラォウ スー lǎo shī 老師 教師	グォーツー guǒ zhī 果汁 ジュース	3声 ＋ 2声	ルユイ シン lǚ xíng 旅行 旅行	ナイチャー nǎi chá 奶茶 ミルクティー
3声 ＋ 4声	メイリー měi lì 美麗 美しい	カァンドン gǎn dòng 感動 感動する	3声 ＋ 軽声	ウォーメン wǒ men 我們 私たち	イー ヅ yǐ zi 椅子 椅子

②第3声の変調

第3声が連続する場合、最後より前の第3声を第2声に変えて発音します。これを「3声の変調」といいます。

なお、**声調記号は変わりません。**

ｉ）3声＋3声　⇒2声＋3声に

ニーハォ nǐ hǎo 你好 こんにちは	スゥエグォー shuǐ guǒ 水果 果物

ⅱ）「3声＋3声＋3声」⇒「3声＋2声＋3声」に

ニー ヘンハォ
Nǐ hěn hǎo
你很好。　あなたは元気です。

ⅲ）「3声＋3声＋3声＋3声」⇒「2声＋3声＋2声＋3声」に

ウォーイェヘン ハォ
wǒ yě hěn hǎo
我 也很好。　私も元気です。

2 一（yī）の変調

“一（yī）”は、後ろが第1・2・3声のときは第4声で発音し、後ろが第4声のときは第2声に変わります。

イーティェン yì tiān 一天 1日	イーニェン yì nián 一年 1年	イーディェン yì diǎn 一點 少し	イーイャン yí yàng 一樣 同じ

3 不（bù）の変調

“不（bù）”は、後ろが第4声のときのみ第2声に変わります。

ブードゥオ bù duō 不多 多くない	ブーシン bù xíng 不行 ダメ	ブードン bù dǒng 不懂 わからない	ブードゥエ bú duì 不對 間違う

09 ピンイン表記上の注意

1 母音が2つあるときの声調記号の表記

声調記号は母音の上に付けます。複合母音など母音が2つ以上ある場合、口を大きく開ける音から優先的に付けます。

そうすると、

◎「a」が最優先
◎「a」がない場合は「o」や「e」が優先

となりますね。

ただ、「iu」や「ui」の場合は、どちらの口が大きいのかわかりません。その場合は、最後の文字につけます。

リォウ liù 六 六	ドゥエ duì 對 その通り、正しい

また、"i"に付けるときは、上の点を取って声調記号を付けます。

ジン jīng 京 京	イン yīn 音 音

2 文と固有名詞の初めは大文字で

英語と同様に、文の初めと固有名詞の初めは大文字で表記します。

ニー ハォ Nǐ hǎo 你好 こんにちは	ベイ ジン Běi jīng 北京 北京

3 「··」を略して表記するとき

単母音・複合母音・鼻母音とも「ü」は「y」「j」「q」「x」に続くときは上の「··（ウムラウト）」を略して表記します。

発音は「ü」のまま、変わりません。

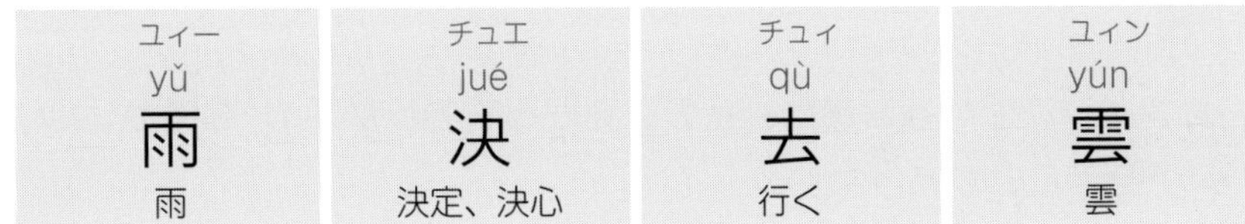

ユィー yǔ 雨 雨	チュエ jué 決 決定、決心	チュィ qù 去 行く	ユィン yún 雲 雲

4 単語の中で母音がつながる場合

たとえば１文字で「xian」なのか２文字で「xi／an」なのか、あるいは１文字で「jie」なのか２文字で「ji／e」なのかわからなくなる場合があります。

この場合、２文字のほうは前の音節との区別をするために、境に隔音符号（’）を付けます。

シェン xiān 先 先	シー アン Xī’ ān 西安 西安	ジェー jiě 姐 姉さん	ジー ア jī’ è 飢餓 飢える、お腹がすく

5 終わりが「n」なのか「ng」なのかで迷うとき

ピンインを付けるときに、音の感覚から終わりが「n」なのか「ng」なのか迷うことがあります。

そのときは、漢字を日本語の音読みにしてみましょう。

◎「ん」で終われば「n」

◎「う」「い」で終われば「ng」

と覚えます。

いくつか例外がありますが、これでほぼ間違いありません。

ユィン ドン yùn dòng 運 動 うんどう	シェン セン xiān shēng 先 生 せんせい	ヘェン ビン Héng bīn 横 濱 こうひん （横浜／よこはま）

2章

日常会話でよく使うフレーズ

２章では、日常生活でよく使われている簡単な会話表現を、場面ごとに分けながらフレーズで紹介します。単語の意味と用法の簡単な解説を加えていますが、この章のフレーズは、「必要なときにすぐにいえる」または「いわれたときにすぐに理解できる」よう、〈短いひとまとまりの語・句〉として覚えましょう！

表現① あいさつ①(出会ったとき)

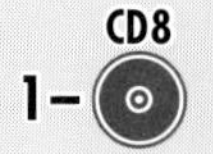

ニー ハォ Nǐ hǎo 你好！	こんにちは。	最も一般的なあいさつ。
ニン ハォ Nín hǎo 您好！	こんにちは。	敬意を込めた丁寧なあいさつ。 您（Nín）は你の 丁寧な言い方。
ニーメン ハォ Nǐ men hǎo 你們 好！	みなさん、 こんにちは。	複数の人に対して。
ダージャ ハォ Dà jiā hǎo 大家 好！	みなさん、 こんにちは。	より人数が多い 複数の人に対して 丁寧なあいさつ。
リー シェンセン ハォ Lǐ xiān shēng hǎo 李 先生 好！	リーさん、 こんにちは。	(相手1人だけの場合）特定の人 に対してあいさつするとき。 ～さん、こんにちは。
ヅァウアン Zǎo ān 早安！	おはよう ございます。	
ニーヅァウ（ヅァウ） Nǐ zǎo (Zǎo) 你早（早）。	おはよう。	「早」一言だけ 言うこともあります。
ワンアン Wǎn ān 晚安！	こんばんは。	
ツゥツージェンミェン Chū cì jiàn miàn 初次見面！	はじめまして！	

ホァンイン　ホァンイン Huānyíng huānyíng 歡迎　歡迎！	ようこそ いらっしゃい ました。	歡迎／歓迎する
ホァンイン　クァンリン Huānyíng guānglín 歡迎　光臨！	いらっしゃい ませ。	コンビニなど 商店で言われます。

表現② あいさつ②（別れるとき）

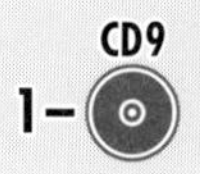

ザイジェン Zàijiàn 再見！	さようなら。	最も一般的な言い方。
シァウージェン Xiàwǔ jiàn 下午見！	午後またね。	「時＋見」で“～の時に会おう”の意味。
ミンティェンジェン Míngtiānjiàn 明天見！	また明日。	
シャージォウ ジェン Xiàzhōu jiàn 下周見！	また来週。	
ダイホェイジェン Dāihuǐ jiàn 待會見！	では後ほど。	
タイペイ ジェン Táiběi jiàn 台北見！	台北でお会いしましょう。	「場所＋見」で“場所で会おう”の意味。
チンマンゾウ Qǐngmànzǒu 請慢走！	お気をつけて。	「どうぞゆっくり行ってらっしゃい」の意味。
ウォーシェンゾウラ Wǒ xiān zǒu le 我先走了。	お先に失礼します。	

表現③ お礼を言う

シェ シェ Xiè xie 謝謝！	ありがとうございます。	最もよく使われる。
ブーシェ Bú xiè 不謝！	どういたしまして。	
ブー カー チ Bú kè qì 不客氣！	どういたしまして（遠慮しなくていいです）。	
ブーホェイ Bú huì 不會。	とんでもないです。 そんなことないです。	親しい間柄で。
シェシェ ニー ダ リーウー Xièxie nǐ de lǐ wù 謝謝你的禮物。	おみやげありがとうございました。	
シェシェ ニーダ バン マン Xièxie nǐ de bāng máng 謝謝你的幫忙*！	手伝っていただいてありがとうございます。	"謝謝你的〜"の形はよく使われます。

＊「幫忙」のところに

グアンシン guān xīn 關心 心遣いや思い遣り	ツァウクー zhào gù 照顧 お世話	クァンダイ kuǎn dài 款待 招待、ごちそうさまでした

などの単語を置き換えてもOK！

表現④ 返事をする

スー　ブースー Shì　Bú shì 是。／不是。	はい。／いいえ。	相手のいう通りか、どうか。
ドゥエ　ブードゥエ Duì　Bú duì 對。／不對。	はい。／いいえ。	相手の言うことが、正しいかどうか。
ハォダ Hǎo de 好的。	いいですよ。OK。	同意や承認のときに。
ブーシン Bù xíng 不行。	だめです、いけません。	禁止や、“悪い”というときに。
ブーヤォウ Bú yào 不要。	しないでください。 いりません。 したくない。	禁止や、“いやです”というときに。

◎“はい”は相手の使った動詞を反復、
“いいえ”は動詞を否定して答えるのが一般的です。

例

ニーチュィマ
Nǐ qù ma
你去嗎？　あなたは行きますか。

チュィ
Qù
——去。　はい（行きます）。

ブー　チュィ
Bú　qù
——不 去。　いいえ（行きません）。

表現⑤ 名前を聞く、名乗る（自己紹介）

ニングェイシン Nín guì xìng 您貴姓?	お名前（名字）は？	丁寧な聞き方。
ウォー シン ティエンヅォン Wǒ xìng Tiánzhōng 我 姓 田中。	田中と申します。	名字のみを名乗るとき。
ニー ジャウ セェンマ ミンズ Nǐ jiào shénme míngzi 你 叫 什麼 名字?	お名前は何とおっしゃいますか？	一般的なフルネームの聞き方。
ウォー ジャウ ティエンヅォン ミン Wǒ jiào Tiánzhōng Míng 我 叫 田中 明。	田中明と申します。	フルネームを名乗るとき。
ウォー スー ゴンスー ヅーユェン Wǒ shì gōngsī zhíyuán 我 是 公司職員*。	私は会社員です。	「我是～」で“私は～です”の意味です。

＊「公司職員」のところに

リーベェンレン rì běn rén 日本人 （国籍）	シュエセン xué shēng 學生 （職業）

などの単語を置き換えてもOK ！

※台湾華語（中国語）で出身地や国籍を表す場合は、“地名”・“国名”＋人。

（東京人、大阪人、九州人、上海人、台北人など）

表現⑥ 困ったときに

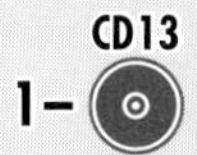

チンウン Qǐng wèn 請問。	お伺いします。 お聞きしたいのですが……。 ※直訳は「聞かせてください」	
チン　ヅァイ　スゥオ　イービエン Qǐng zài shuō yíbiàn 請 再 說 一遍。	もう一度言ってください。	
チン　マンマン　スゥオ Qǐng mànmàn shuō 請 慢慢 說。 チン　スゥオ　マンイーデェィン Qǐng shuō mànyìdiǎn 請 說 慢一點。	もう少しゆっくり 言ってください。	
チン　ニー　シェ　イーシァ Qǐng nǐ xiě yíxià 請 你 寫 一下。 チン　ニー　シェ　シァ ライ。 Qǐng nǐ xiě xià lái。 請 你 寫 下來。	ちょっと書いてください。	
ティンドン ラ Tīng dǒng le 聽懂 了。	わかりました。	聴き取れた 場合。
メイ　ティンドン Méi tīng dǒng 沒 聽懂。 ティン ブードン Tīng bù dǒng 聽 不懂。	わかりません。	聴き取れない 場合。

ウォードンラ
Wǒ dǒng le
我懂 了。

ミンバイ　ラ
Míng bái le
明白 了。

わかりました。

内容が
はっきりわかった場合。

表現⑦ お祝いなど

CD14 1-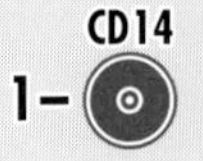

ヅゥー ニー センティージェンカン ワァンスールーイ Zhù nǐ shēntǐ jiànkāng wànshì rú yì 祝 你 身体健康 萬事如意！	ご健康とご多幸をお祈りします。
ヅゥー ニー イー ルー スゥンフォン Zhù nǐ yí lù shùnfēng 祝 你 一路順風！	道中ご無事で。
ヅゥー ニン リュィートゥー ユィークァイ Zhù nín lǚ tú yú kuài 祝 您 旅途 愉快！	楽しい旅行になりますように。
ヅゥー ニー セン リー クァイラー Zhù nǐ shēng rì kuài lè 祝 你 生日 快樂！	お誕生日おめでとう。
ヅゥー ニー シンニェン クァイラー Zhù nǐ xīn nián kuài lè 祝 你 新年 快樂！	新年おめでとう。
ヅゥー ニー センダン クァイラー Zhù nǐ shèng dàn kuài lè 祝 你 聖誕 快樂！	メリークリスマス！

※「祝」は“祝う”ではなく“祈る、願う”の意味です。
「祝你～」の後に、希望する事柄を置きます。
はなむけやお祝いによく使われるフレーズで、グリーティングカードなどにも書かれています。

表現⑧ ほめる

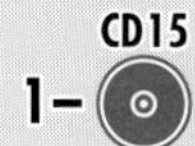

タイ ハォ ラ Tài hǎo le 太 好 了！	素晴らしいですね。 よかったですね。	
ヘン バン Hěn bàng 很 棒！ ハォ バン バン Hǎo bàng bàng 好 棒棒！	すごいです！ (よくできました)	
ヅェン リー ハイ Zhēn lìhài 真 厲害！	すごいです！	人の実力や能力に対する「すごい」のほかに、程度がはなはだしいことにも使えます。
ヅェン ツォン ミン Zhēn cōng míng 真 聰 明！	かしこい。 頭がいい。	「聰明」は日本語の「聡明」と同じ。
フェー ツァン ハォ Fēi cháng hǎo 非常 好！ フェーツァン バン Fēi cháng bàng 非常 棒！	とっても良いですね	「非常＋形容詞」は程度がはなはだしいことを表します。
ヘン ピャウリャン Hěn piào liang 很* 漂亮！	きれいです！	"美しい""かわいい""似合う""立派"など、幅広く使えます。

＊「很」は「真（zhēn)」や「好（hǎo)」に置き換えてもOK！

表現⑨ ねぎらいの言葉

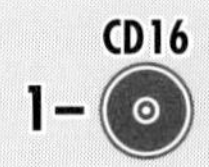

シン クー ラ Xīn kǔ le 辛苦 了。	お疲れさまでした。	
チン バゥ ヅォン Qǐng bǎo zhòng 請 保重。	お体に 気をつけてください。	
ハオジョウ ブー ジェン Hǎojiǔ bú jiàn 好久 不 見。	お久しぶりです。	
ニー ヅゥエジン ハォ マ Nǐ zuì jìn hǎo ma 你 最近 好 嗎？ ヅゥエジン ヅェンマヤン Zuì jìn ～ zěn me yàng 最近～*怎麼樣？	最近はいかがですか？	「最近」は、仕事・生活・健康など近況のことを意味します。

＊“ ～ ”のところは、

ゴンヅオ gōng zuò 工作 仕事	センフォー shēng huó 生活 生活	シァウハイ xiǎo hái 小孩 子ども

などに置き換えることもできます。

ダーラオ ニン ラ Dărăo (nín) le 打擾（您）了。	お邪魔しました。	訪問の後や、 手間をかけてしまった 後に。
マーファン ニン ラ Má fán nín le 麻煩 您 了。	ご面倒を おかけしました。 よろしくね。	面倒なことをしてもらった ときやお世話になったとき、 お願いするときに。
メイ グァンシー Méi guān xī 沒 關係。 ブーヤォ ジン Bú yào jǐn 不要 緊。 メイスー Méi shì 沒事。	気にしないで。 （大丈夫です）	主に「對不起」（お詫び）の 返事として使います。

表現⑩ 食事や買い物

ウォー ヤォウ ジァ ガ Wǒ yào zhè ge 我 要 這個。	私はこれがほしいです。	
チン ゲイ ウォー ジァ ガ Qǐng gěi wǒ zhè ge 請 給 我 這個。	これをください	
ドゥオ サウ チェン Duōshǎo qián 多少 錢？	いくらですか？	値段を聞くときの定番。
ヅェン ハォチー Zhēn hǎo chī 真 好吃。 ブーツゥオチー Bú cuò chī 不錯吃。	おいしいですね。	
ガンベイ Gān bēi 乾杯！	乾杯！	
シェシェ ニン ダ クァンタイ Xiè xie nín de kuǎn dài 謝謝 您 的 款待。	ご馳走さまでした。	食事に招待されたときの感謝の気持ち。
ドゥオ チー イーディェン Duō chī yì diǎn 多 吃 一點。	もっと召し上がってください。	食事を勧めるとき。
ウォーチー バウ ラ ニン マン ユォン Wǒ chī bǎo le, Nín màng yòng 我 吃 飽 了，您 慢用。	ご馳走さまでした、ごゆっくりどうぞ*。	食事の最後に。

＊“お腹がいっぱいです”の意味も含みます。

3章

台湾華語の基本文型

この章では、台湾華語（中国語）の基本文型である、

◎動詞文型　／「主語＋動詞＋目的語」
◎形容詞文型／「主語＋形容詞」

の２つを学んでいきます。
この２つの文型をマスターし、これまで学んださまざまなフレーズや単語を活用することで、かなりの表現ができるようになってしまうのです！
まずはやってみましょう。
台湾華語（中国語）の使い方が、はっきり見えてくるはずです。

01 動詞文型「主語+動詞+目的語」① ——動詞が“是”の文型

1 平叙文「A是B」(AはBです)

CD18 1-
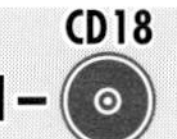

「A是B」つまり、「A(主語)すなわちB(目的語)」の文型です。台湾華語(中国語)の動詞「是」は、

・英語の“be動詞”や日本語の「です(である)」
・英語の“Yes”や日本語の「そうです」

という2つの働きをします。

A(主語)の部分に入る代名詞は、一般的には以下の通りです。

①人称代名詞

◎単数形

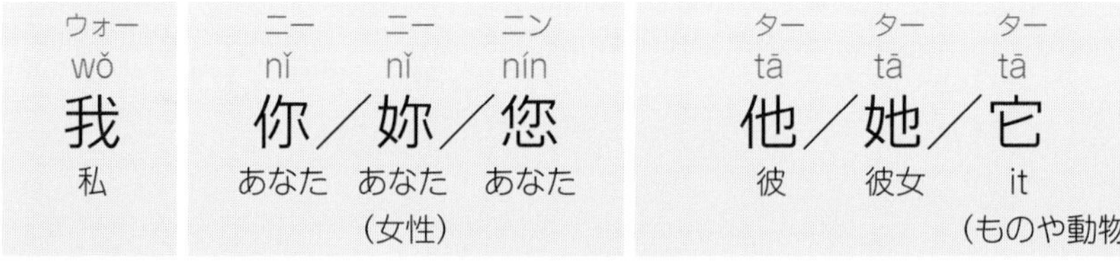

ウォー wǒ 我 私	ニー nǐ 你 あなた	ニー nǐ 妳 あなた(女性)	ニン nín 您 あなた	ター tā 他 彼	ター tā 她 彼女	ター tā 它 it(ものや動物)

◎複数形

ウォーメン wǒ men 我們 私たち	ニーメン nǐ men 你們 あなたたち	ニーメン nǐ men 妳們 あなたたち*	ターメン tā men 他們 彼ら	ターメン tā men 她們 彼女たち*

*=すべてが女性の場合

※「您」は「你」の丁寧な言い方です。ただし、「您」は複数形がないので、複数のときに「您們」とは言わず、「你(妳)們」になります。

②指示代名詞

◎単数形

ヴァ／ヴェイ zhè／zhèi 這 これ	ナー／ネイ nà／nèi 那 それ・あれ

◎複数形

ヴァ／ヴェイ シェ zhè／zhèi xiē 這些 これら	ナー／ネイ シェ nà／nèi xiē 那些 それら・あれら

③場所代名詞

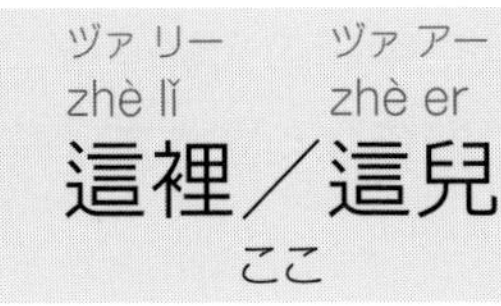

ヴァ リー　ヴァ アー zhè lǐ　zhè er 這裡／這兒 ここ	ナー リー　ナー アー nà lǐ　nà er 那裡／那兒 そこ・あそこ

※「這（那）裡」と「這（那）兒」は言い方が違うだけで、意味や使い方の違いはありません。
台湾では一般的に「這裡（那裡）」と言います。

では、「A是B」（AはBです）の文を作ってみましょう。

「これはペンです」という例文の場合、「A是B」の“A（主語）”に「這」、“B（目的語）”に「書」をそれぞれ入れます。

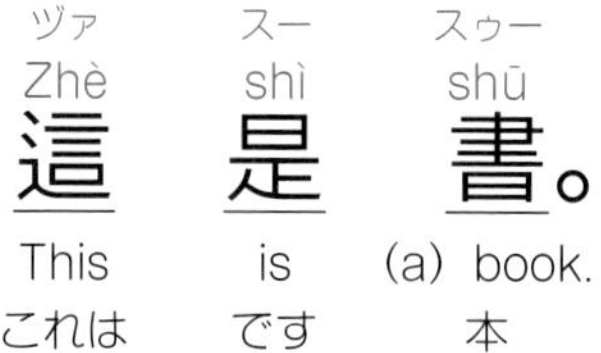

英語の語順とよく似ていますね。

ただ、**台湾華語（中国語）の動詞「是」は、主語の人称や単・複数、あるいは一般名詞、代名詞、フレーズなどに関係なくすべて「是」で、変化がありません。**

日本語の「〜は〜“です”」という文であれば、台湾華語（中国語）は「〜是〜」の文になります。ここは日本語とよく似ています。

練習

“是”を使って、台湾華語で簡単な自己紹介をしてみましょう。

ニーハオ　ウォースー
Nǐ hǎo　wǒ shì
你好！　我是（フルネーム）。

ウォースー
wǒ shì
我是（国籍）。

ウォースー
wǒ shì
我是（職業）。

CD19 1-

ウォー スー タイワァンレン
Wǒ shì Táiwān rén
① 我 **是** 台灣人。 私は台湾人**です**。

ニー スー リーベンレン
Nǐ shì Rìběn rén
② 你 **是** 日本人。 あなたは日本人**です**。

ター スー ヅォングォーレン
Tā shì Zhōng guó rén
③ 她 **是** 中國人。 彼女は中国人**です**。

ウォーメン スー ゴン スーヅーユェン
Wǒmen shì gōng sī zhí yuán
④ 我們 **是** 公司職員。 私たちは会社員**です**。

ターメン スー リォウシュエセン
Tāmen shì líu xué shēng
⑤ 他們 **是** 留學生。 彼らは留学生**です**。

ター スー ティェンヅォン シェンセン
Tā shì Tián zhōng xiān shēng
⑥ 他 **是** 田中 先生。 彼は田中さん**です**。

ヅァ スー ヅアーヅー
Zhè shì zázhì
⑦ 這 **是** 雜誌。 これは雑誌**です**。

ナー スー ソゥジー
Nà shì shǒu jī
⑧ 那 **是** 手機。 あれは携帯電話**です**。

ヅェイシェ スー ウーロンチャー
Zhè xiē shì wūlóngchá
⑨ 這些 **是** 烏龍茶。 これらは烏龍茶**です**。

ヅァ リー スー タイベイイーリンイー ダーロゥ
Zhè lǐ shì Táiběi yī líng yī dà lóu
⑩ 這裡 **是** 台北101大樓。 ここは台北101ビル**です**。

3章 台湾華語の基本文型

2 否定文「A不是B」(AはBではありません)

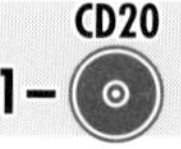

否定の場合はどうでしょう。

「是」の否定形は「不是」で、「A是B」(AはBです)の否定文は**「A不是B」**(AはBではありません)です。

タ一　ブースー　ヅォングヴォーレン
Tā bú shì Zhōng guó rén
① 她 **不是** 中國人。　彼女は中国人**ではありません。**

ウォーメン　ブースー　ゴンスーヅーユェン
Wǒmen bú shì gōng sī zhí yuán
② 我們 **不是** 公司職員。　私たちは会社員**ではありません。**

ターメン　ブースー　リォウシュエセン
Tā men bú shì líu xué shēng
③ 他們 **不是** 留學生。　彼らは留学生**ではありません。**

ター　ブースー　ティェンヅォン　シェンセン
Tā bú shì Tián zhōng xiān shēng
④ 他 **不是** 田中　先生。　彼は田中さん**ではありません。**

ヅァ　ブースー　ヅアーヅー
Zhè bú shì zá zhì
⑤ 這 **不是** 雜誌。　これは雑誌**ではありません。**

ナー　ブースー　ソゥジー
Nà bú shì shǒu jī
⑥ 那 **不是** 手機。　あれは携帯電話**ではありません。**

ヅェイ シェ　ブースー　ウーロンチャー
Zhè xiē bú shì wū lóng chá
⑦ 這些 **不是** 烏龍茶。　これらは烏龍茶**ではありません。**

バーバ　ブースー　イーセン
Bàba bú shì yī shēng
⑧ 爸爸 **不是** 醫生。　父は医師**ではありません。**

3 疑問文「A是B嗎？」（AはBですか？）

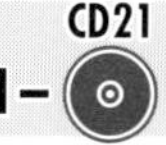

続いて疑問文を見てみましょう。

「A是B」（AはBです）の文を疑問文にする場合、文末に「嗎？」をつければOKで、「A是B嗎？」となります。

台湾華語（中国語）の疑問詞「嗎」は、日本語の疑問詞“～(です)か”にあたります。台湾華語（中国語）は疑問文の場合でも、英語のように疑問詞や動詞を文頭に移しません。

肯定文、否定文、疑問文とも同じ語順になります。

また、疑問文の答えは、

・“はい、そうです”など肯定する場合
　／**「是」**あるいは**「是的」**
・“いいえ、そうではありません”など否定する場合
　／**「不」**あるいは**「不是」**

で返事をします。

ターメン　スー　メイグォーレン　マ
Tā men　shì　Měiguó rén　ma
他們 **是** 美國人* **嗎**？
彼らはアメリカ人ですか。

＊美國人／アメリカ人

スー　スーダ
Shì　Shì de
——**是。/ 是的。**　はい、そうです。

ブー　ブースー
Bù　Bú shì
——**不。/ 不是。**　いいえ、そうではありません。

ニー　スー　リーベンレン　マ
Nǐ shì Rì běn rén ma
① 你 **是** 日本人 **嗎**？　あなたは日本人**ですか**？

ター　スー　ヅォングォーレン　マ
Tā shì Zhōng guó rén ma
② 她 **是** 中國人 **嗎**？　彼女は中国人**ですか**？

ニーメン　スー　ゴンスーヅーユェン　マ
Nǐ men shì gōng sī zhí yuán ma
③ 你們 **是** 公司職員 **嗎**？　あなたたちは会社員**ですか**？

ターメン　スー　リォウシュエセン　マ
Tā men shì líu xué shēng ma
④ 他們 **是** 留學生 **嗎**？　彼らは留学生**ですか**？

ター　スー　ティェンヅォン シェンセン　マ
Tā shì Tián zhōng xiān shēng ma
⑤ 他 **是** 田中 先生 **嗎**？　彼は田中さん**ですか**？

ヅァ　スー　ヅアーヅー　マ
Zhè shì zá zhì ma
⑥ 這 **是** 雜誌 **嗎**？　これは雑誌**ですか**？

ナー　スー　ソゥジー　マ
Nà shì shǒu jī ma
⑦ 那 **是** 手機 **嗎**？　あれは携帯電話**ですか**？

ヅェイ シェ　スー　ウーロンチャー　マ
Zhèi xiē shì wū lóng chá ma
⑧ 這些 **是** 烏龍茶 **嗎**？　これらは烏龍茶**ですか**？

ナー リー　スー　タイベイ アーアーバー ゴンユェン　マ
Nà lǐ shì Táiběi èr èr bā gōng yuán ma
⑨ 那裡 **是** 台北228 公園 **嗎**？

あそこは台北228公園**ですか**？

3章 台湾華語の基本文型

練習

①次の文の下線部を置き換えてみましょう。

CD22
1- 

ターメン　スー　リー ベン レン
Tāmen　shì　Rì běn rén
他們 是 <u>日本人</u>。

彼らは日本人です。

イングォーレン Yīngguó rén 英國人 イギリス人	ダーグォーレン Déguó rén 德國人 ドイツ人	ハァングォーレン Hánguó rén 韓國人 韓国人

②次の文を否定文と疑問文に直しましょう。（答えはp 69）

ターメン　スー　ゴンスーヅーユェン
Tāmen　shì　gōng sī zhí yuán
他們 是 公司職員。

彼らは会社員です。

● column　ちょっとひと休み

返事する時の「是(shì／スー)」と「對(duì／ドゥエ)」

よく台湾や中国のドラマで、あるいは中華系の人が電話応答や日本語で会話しているときに、「是是是(ゼゼゼ)……」や「對對對（デデデ）……」と口にしているのを聞いたことはありませんか？

日本語でいうあいづちのような、「是是是」や「對對對」（しかも、何回も繰り返します）ですが、「是」と「對」に何か違いはあるのでしょうか？

日本語にすれば「是」や「對」は、ともに「そうです」という意味になりますが、台湾華語（中国語）ではニュアンスが多少違います。

「是」は単純に「Yes or Noの“Yes”」の意味だけに対し、「對」は相手に「あなたの推測はまったく正しくその通りだ」、あるいは「私はまったく、あなたのいうとおりだと同意します」という意味が、込められています。

簡単にいえば、「是」は「なにかの前提が設定されず、単純に“Yes”という返事」、「對」は「相手の推測が正しいことや、相手のいうことに賛同する」というニュアンスの違いがあります。

しかし、質問の仕方など、それほどニュアンスの違いがはっきりと判別ができないときなどは、多くの場合「是」や「對」のどちらを使っても大丈夫です。

また「對」のやや変わったいい方「沒錯（méi cuò／メイ ツゥオ）／間違いない」で、あいづちを打つ人もいます。

02 動詞文型「主語+動詞+目的語」② ——動詞が“有”の文型

台湾華語（中国語）の動詞「有」は

①所有・所持（～を持っている）
②存在（～がある／いる）

の２つの意味を持っています。

そのうち、ここで学ぶのは〈①所有・所持〉の意味の文型です（②については、ｐ210にて後述）。

1 平叙文「A有B」（AはBを持っています／AはBがあります）

“A（主語：所有者）がB（目的語：所有物）を所有しています”という意味の文です。

この**動詞「有」は、英語の“have(has)”あるいは日本語の“ある／いる／所有する“にあたります。**

主語Aに入るのは“所有者”で、目的語Bに入るのは“Aの所有物”で、簡単にいうと**「所有者A　有　所有物B」**となります。

台湾華語（中国語）の“動詞文型”の構文はすべて同じですので、**「A是B」の文型と同じ要領で文を作ります。**

CD23
1-

ウォー ヨゥー ビージー ベン ディェンナウ
Wǒ yǒu bǐ jì běn diàn nǎo
① 我 **有** 筆記本電腦。 私はノートパソコン**を持っています。**

ニー ヨゥー アイフォーン ソゥジー
Nǐ yǒu āi fèng shǒu jī
② 你 **有** 哀鳳 手機。 あなたはiPhone**を持っています。**

ラゥス ヨゥー ホァーユィヅアーヅー
Lǎoshī yǒu huá yǔ zá zhì
③ 老師 **有** 華語雜誌。 先生は華語の雑誌**を持っています。**

ターメン ヨゥー チーツェ
Tāmen yǒu qì chē
④ 他們 **有** 汽車。 彼らは車**を持っています。**

ジェジェ ヨゥー シンヨンカー
Jiě jie yǒu xìn yòng kǎ
⑤ 姐姐 **有** 信用卡。 姉はクレジットカード**を持っています。**

ティェンヅォン シェンセン ヨゥー シャウハイ
Tián zhōng xiān shēng yǒu xiǎo hái
⑥ 田中 先生 **有** 小孩。 田中さんには子ども**がいます。**

ウォー ヨゥー スー
Wǒ yǒu shì
⑦ 我 **有** 事。 私は用事**があります。**

以上のように台湾華語（中国語）の動詞「有」は「是」と同様、主語の人称や性質に関係なく変化がありません。

また目的語Bは具体的なものか抽象的なものかを問わず、「有」を使います。

2 否定文「A没有B」(AはBを持っていません／～Bがありません)

「有」の否定形は「没有」で、「A有B」の否定文は**「A没有B」**(AはBを持っていません／～Bがありません)です。

CD24 1-

ウォー メイヨゥー ピンバァン ディェンナウ
Wǒ méi yǒu píng bǎn diàn nǎo
① 我 **没有** 平板 電腦。
私はタブレットを持っていません。

ニー メイヨゥー アイフォーン ソゥジー
Nǐ méi yǒu āi fèng shǒu jī
② 你 **没有** 哀鳳 手機。 あなたはiPhoneを持っていません。

ラゥス メイヨゥー ホァーユィヅアーヅー
Lǎo shī méi yǒu huá yǔ zá zhì
③ 老師 **没有** 華語雜誌。
先生は華語の雑誌を持っていません。

ターメン メイヨゥー チーツェ
Tāmen méi yǒu qì chē
④ 他們 **没有** 汽車。 彼らは車を持っていません。

ジェ ジェ メイヨゥー シンヨンカー
Jiě jie méi yǒu xìn yòng kǎ
⑤ 姐姐 **没有** 信用卡。
姉さんはクレジットカードを持っていません。

ティェンヅォン シェンセン メイヨゥー シャウハイ
Tián zhōng xiān shēng méi yǒu xiǎo hái
⑥ 田中 先生 **没有** 小孩。
田中さんには子どもがいません。

ウォーメイヨゥー スー
Wǒ méi yǒu shì
⑦ 我 **没有** 事。 私は用事がありません。

ウォー メイヨゥー スージェン
Wǒ méi yǒu shí jiān
⑧ 我 **没有** 時間。

私は時間**がありません**。

◎⑧の反対の言い方は……

ウォー ヨゥースージェン　　ウォー ヨゥーコン
Wǒ yǒu shí jiān　　Wǒ yǒu kòng
⑨ 我 有 時間。／我 有 空。
私は時間があります。／私は暇です。

p 64 練習答え

ターメン ブースー ゴンスー ヅーユェン
Tāmen búshì gōng sī zhí yuán
他們 不是 公司職員。
彼らは会社員ではありません。

ターメン スー ゴンスーヅーユェン マ
Tāmen shì gōng sī zhí yuán ma
他們 是 公司職員 嗎？
彼らは会社員ですか。

3 疑問文「A有B嗎?」(AはBを持っていますか／Bがありますか)

疑問文も「A是B」(AはBです)の文と同じく、文末に「嗎?」をつければOKで、**「A有B嗎?」**となります。

また、疑問文の答えは、

- “**はい、持っています／あります**”など肯定する場合 ／**「有」**
- “**いいえ、持っていません／ありません**”など否定する場合 ／**「沒有」**

で返事をします。

ちょっと応用

※中国語の動詞「有」の否定形は「沒有」です。「不有」とは言いません。
これに対して「是」の否定形は「不是」です。「沒是」とは言いません。
日本人は間違いやすいので、注意しましょう。

CD25 1-

ニー　ヨゥー ディェンナウ マ
Nǐ　yǒu　diàn nǎo　ma
① 你 **有** 電腦 **嗎**？　　あなたはタブレット**を持っていますか**？

ニー　ヨゥー アイフォーン ソゥジー　マ
Nǐ　yǒu　āi fèng　shǒu jī　ma
② 你 **有** 哀鳳 手機 **嗎**？
あなたはiPhone**を持っていますか**？

ラウス　ヨゥー ホァーユィ ヅアーヅー マ
Lǎo shī　yǒu　huá yǔ　zá zhì　ma
③ 老師 **有** 華語 雜誌 **嗎**？
先生は華語の雑誌**を持っていますか**？

ターメン　ヨゥー チーツェ　マ
Tāmen　yǒu　qì chē　ma
④ 他們 **有** 汽車 **嗎**？　　彼らは車**を持っていますか**？

ジェジェ　ヨゥー シンヨン カー　マ
Jiě jie　yǒu　xìn yòng kǎ　ma
⑤ 姐姐 **有** 信用卡 **嗎**？
姉はクレジットカード**を持っていますか**？

ティェンヴォン シェンセン　ヨゥー シャウハイ マ
Tián zhōng　xiān shēng　yǒu　xiǎo hái　ma
⑥ 田中　先生　**有** 小孩 **嗎**？
田中さんには子ども**がいますか**？

ニン　ヨゥー スー　マ
Nín　yǒu　shì　ma
⑦ 您 **有** 事 **嗎**？　　（あなたは）ご用件**がありますか**？

ニー　ヨゥー スージェン マ
Nǐ　yǒu　shí jiān　ma
⑧ 你 **有** 時間 **嗎**？　　（あなたは）時間**がありますか**？

練習

CD26 1-

次の文の下線部を置き換えてみましょう。

ニー　ヨゥー　ソゥジー　マ
Nǐ yǒu shǒu jī ma
Q：你 有 手機 嗎？　あなたは携帯電話を持っていますか。

ウォー ヨゥー
Wǒ yǒu
A：我 有。　持っています。

ウォー メイ ヨゥー
Wǒ méi yǒu
我 沒有。　持っていません。

i）電腦　ii）汽車　iii）筆　iv）華語書　v）台灣朋友

ファーユィスゥ huá yǔ shū 華語書 台湾華語の本	タイワァン　ポンヨゥー Táiwān　péng yǒu 台灣 朋友 台湾人の友だち

03 動詞文型「主語＋動詞＋目的語」③ ——動詞が“一般動詞”の文型

1 平叙文「A 一般動詞 B」(AはBをする／AはBする／Bに行く・来る・帰る)

“A（主語／行動者）はB（目的語／こと・動作・行動）をします”という意味の文です。

一般動詞は動作や行動、意思、感情などを表す動詞でかなりの種類があるため、日常生活でよく使われる動詞から、まずは覚えていきましょう。

CD27 1-⊙

◎日常生活でよく使う一般動詞

チー chī 吃 食べる	フー hē 喝 飲む	カァン kàn 看 見る、読む	ティン tīng 聽 聞く	スゥオ shuō 說 言う、話す
マイ mǎi 買 買う	シュエ xué 學 学ぶ	シェ xiě 寫 書く	ヅゥオ zuò 做 する	チュィ qù 去 行く
ライ lái 來 来る	シォウシー xiū xí 休息 休む、休息する	シュエシー xué xí 學習 勉強する、学習する	ゴンヅゥオー gōng zuò 工作 働く、仕事する	ジェースァウ jiè shào 介紹 紹介する

また、台湾華語（中国語）の“一般動詞”もこれまで学んできた「是」、「有」と同様、主語の人称や性質に関係なく変化しません。

さらに、次ページの例文⑨、⑩のように、目的語が必要のない一般動詞もあります。

これも日本語と似ていますね。

CD28
1-

ウォー シュエ タイワァン ホァーユィ
Wǒ xué Tái wān huá yǔ
① 我 **學** 台灣 華語。 私は台湾華語**を学びます。**

ター フー カーフェイ
Tā hē kā fēi
② 他 **喝** 咖啡。 彼はコーヒー**を飲みます。**

ウォーメン チー シャウロンバウ
Wǒmen chī xiǎo lóng bāo
③ 我們 **吃** 小籠包。 私たちはショウロンポウ**を食べます。**

ターメン フー ヂェンヂュナイチャー
Tāmen hē zhēn zhū nǎi chá
④ 她們 **喝** 珍珠奶茶。
彼女たちはタピオカミルクティー**を飲みます。**

ティェンヂォン シェンセン チュィー タイベイ
Tián zhōng xiān shēng qù Táiběi
⑤ 田中 先生 **去** 台北。 田中さんは台北**へ行きます。**

ターメン カァン ディェンイン
Tāmen kàn diàn yǐng
⑥ 他們 **看** 電影。 彼らは映画**を見ます。**

ウォー カァン ディェンスー、ター カァン ヅアーヂー
Wǒ kàn diàn shì, Tā kàn zá zhì
⑦ 我 **看** 電視, 他 **看** 雜誌。
私はテレビ**を見ます。**彼は雑誌**を読みます。**

ニーメン マイ ドンシー
Nǐmen mǎi dōng xī
⑧ 你們 **買** 東西。 あなたたちは買い物**をします。**

ディ ディ シュエ シー
Dì di xué xí
⑨ 弟弟 **學習。** 弟は**勉強**（学習）**します。**

ウォー ゴンヅゥオ
Wǒ gōng zuò
⑩ 我 **工作。** 私は**働きます**（仕事します）。

2 否定文①「A 不＋一般動詞 B」(AはBをしない／AはBしない／Bに行かない・来ない・帰らない)

台湾華語（中国語）の**一般動詞の否定形は、「不」を使う場合と「沒」を使う場合があります。**

そして、「不去」と「沒去」では、それぞれ使い方が違います。ここではまず「不」を使う場合を学びます（※沒を使う場合は、p160にて説明）。

CD29 1-⊙

ウォー ブー ティン インユェ
Wǒ bù tīng yīn yuè
① 我 **不聽** 音樂。 私は音楽**を聞きません**。

ター ブーライ
Tā bù lái
② 他 **不來**。 彼**は来ない**。

ターメン ブーフー ヅェンヅゥナイチャー, ターメン フー カーフェイ
Tāmen bù hē zhēn zhū nǎi chá, Tāmen hē kā fēi
③ 她們 **不喝** 珍珠奶茶, 她們 喝 咖啡。
彼女たちはタピオカミルクティー**を飲みません**。
彼女たちはコーヒーを飲みます。

ティェンヅォン シェンセン ブーチュィー タイナン
Tián zhōng xiān shēng bú qù Táinán
④ 田中 先生 **不去** 台南。
田中さんは台南**へ行きません**。

ターメン ブーカァン ディェンイン、カァン ディェンスー
Tāmen bú kàn diàn yǐng, kàn diàn shì
⑤ 他們 **不看** 電影, 看 電視。
彼らは映画**を見ません**。テレビを見ます。

ターメン ブー シォウ シー
Tāmen bù xiū xí
⑥ 她們 **不休息**。
彼女たち**は休みません**。

● column　ちょっとひと休み

台南市について

「台湾の京都」とも言われる台南市は、台湾で最も古い都市です。

その歴史は、約400年前にオランダ人（オランダ東インド会社）が、アジアの貿易拠点として行政府を置いたときから始まり、台湾の文化の中心として、1885年に首府が台北に移されたあとも、文化都市としての機能が長い間受け継がれています。

台湾で最も早い時期で開発された街なので、オランダ時代の城跡にはじまり、漢民族の移民、日本統治時代などの歴史ある寺廟、史蹟、文化遺産などが街中に散在し、古い街並みが今もなお息づいています。

台湾の小吃（p83参照）など食文化のルーツもこの街から始まり、「食は台南にあり」というほど食の都としても知られ、台湾生まれの屋台料理がたくさん味わえます。

ここ数年、台灣高鐵（台湾高鉄）の開通と南部科學園區（南部サイエンスパーク）の稼働に伴う移入人口が増加し、街全体の拡大と再開発がさらに進んだことで、新旧共存共栄といった古い伝統と現代モダンが、１つの都市で同時に見られることも、現代台南市の特徴の１つといえます。

3 疑問文「A 一般動詞 B嗎?」(AはBをしますか/AはBしますか/Bに行きますか・来ますか・帰りますか)

中国語の「一般動詞」の疑問文も、文末に「嗎?」をつければOKで、「A 一般動詞 B 嗎?」となります。

また、疑問文の答えは、

・"はい、します"など肯定の場合/「一般動詞」のまま
・"いいえ、しません"など否定の場合/「一般動詞の否定形」

で返事をします。

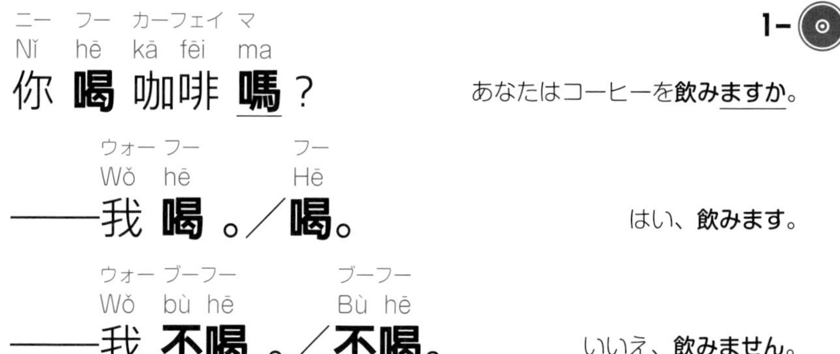

ニー　スゥオ ファーユィ マ
Nǐ　shuō huá yǔ　ma
① 你 **說** 華語 **嗎**？　　あなたは華語**を話しますか**？

ダージャー　チー　シャウロンバゥ　マ
Dà jiā　chī　xiǎo lóng bāo　ma
② 大家 **吃** 小籠包 **嗎**？
みなさんはショウロンポウ**を食べますか**？

ターメン　フー　ヅェンヅゥナイチャー　マ
Tāmen　hē　zhēn zhū nǎi chá　ma
③ 她們 **喝** 珍珠奶茶 **嗎**？
彼女たちはタピオカミルクティー**を飲みますか**？

ティェンヅォン シェンセン　チュィー　タイワァン　マ
Tiánzhōng　xiān shēng　qù　Táiwān　ma
④ 田中　先生　**去**　台灣 **嗎**？
田中さんは台湾**へ行きますか**？

ウォーメン　カァン　ディェンイン　マ
Wǒmen　kàn　diàn yǐng　ma
⑤ 我們 **看** 電影 **嗎**？　　私たちは映画**を見ますか**？

ニー　ミンティェン ゴンヅゥォー　マ
Nǐ　míng tiān　gōng zuò　ma
⑥ 你 明天 **工作** **嗎**？　　あなたは明日**仕事しますか**？

ニー　シォウシー　マ
Nǐ　xiū xí　ma
⑦ 你 **休息** **嗎**？　　あなた**は休みますか**？

04 形容詞文型「主語＋（程度副詞“很”）＋形容詞」

台湾華語（中国語）の“形容詞文型”で、最もシンプルな文型は**「主語＋（很）＋形容詞」**だけで成立します。

「旅行が楽しい」、「台湾華語が面白い」というように形容詞はさまざまな物事の状態や性質、感情、感覚を説明する語ですので、一般動詞と同様、種類や数量が非常に多いです。

日常生活に関連して、よく使われる形容詞から覚えていきましょう。

1 平叙文「A（很）～」

「A（主語）は“どのようだ”（形容詞）」という意味です。

「台湾華語が面白い」という日本語の文を例にしましょう。

タイワァンファーユィ　ヘン　ヨゥーイースー
Táiwān huá yǔ　hěn　yǒu yì　si
台灣華語　很 有意思。
A（主語）　很　～（形容詞）

“A（主語）”と“～”のところに、それぞれ“台灣華語”と形容詞“有意思（面白い）”を入れると上記の文になります。

形容詞の前につけられた程度副詞の“很”は、本来「とても（very)」の意味を持っていますが、アクセントを強く入れて読まない限り「とても（very)」の意味にはなりません。日常会話では特に平叙文で“很”が習慣的につけられていますが、必ずしもつけるとも限りません。

また、日本人はよく形容詞の前に、“是”を入れてしまいがちなので、注意しましょう。

CD31
1-

ター　ヘン　ピャウリャン
Tā hěn piào liàng
① 她 很 **漂亮**。　彼女**は美しいです。**

ニーメン　ヘン　マン
Nǐmen hěn máng
② 你們 很 **忙**。　あなたたち**は忙しいです。**

シャウロンバウ　ヘン　ハォチー
Xiǎo lóng bāo hěn hǎo chī
③ 小籠包 很 **好吃**＊。　シャウロンポウ**が美味しいです。**

＊好吃／食べ物が美味しい

ヅェンヅゥナイチャー　ヘン　ハォフー
Zhēnzhū nǎi chá hěn hǎo hē
④ 珍珠奶茶 很 **好喝**＊。

タピオカミルクティー**が美味しいです。**

＊好喝／飲み物が美味しい

ジンティェン　ヘン　レェー
Jīn tiān hěn rè
⑤ 今天 很 **熱**。　今日**は暑いです。**

ジャウトン　ヘン　ファンビェン
Jiāo tōng hěn fāng biàn
⑥ 交通 很 **方便**。　交通**は便利です。**

タイワァンカゥティエ　ヘン　クァイ
Táiwān gāo tiě hěn kuài
⑦ 台灣高鐵 很 **快**。　台湾高鉄**が速いです。**

マゥ　ミー　ヘン　カー　アイ
Māo mī hěn kě ài
⑧ 貓咪 很 **可愛**。　猫ちゃん**は可愛いです。**

＊貓咪／猫ちゃん（猫の愛称）

ウンファ　ジェンタン、　ファイン　ナアン
Wén fǎ jiǎn dān, fā yīn nán
⑨ 文法 **簡單**，發音 **難**。　文法**が簡単**で、発音**が難しい。**

ディェンイン　ヘン　ヨゥーイースー
Diàn yǐng hěn yǒu yì si
⑩ 電影 很 **有意思**。　映画**が面白いです。**

2 形容詞文の否定文型「A 不～」(Aは～ありません【"～"は形容詞】)

「A（很）～」（Aは～"どんなだ"）の否定文は「A 不～」（Aは（形容詞）ありません／「不＋形容詞」）です。

また、**否定の場合は"很"をつけません。**

CD32 1-

タ― ブ― ピャウリャン
Tā bú piào liàng
① 她 **不漂亮。** 彼女**は美しくありません。**

タ―メン ブ― マン
Tāmen bù máng
② 他們 **不忙。** あなたたち**は忙しくありません。**

ウォ― ブ― ア―
Wǒ bú è
③ 我 **不餓。** 私はおなか**が空いていません。**

ジンティェン ブ―レェ―
Jīn tiān bú rè
④ 今天 **不熱。** 今日**は暑くありません。**

ジャウトン ブ― ファンビェン
Jiāo tōng bù fāng biàn
⑤ 交通 **不方便。** 交通**は便利ではありません。**

タイワァンファ―ユィ ブ― ナアン
Táiwān huá yǔ bù nán
⑥ 台灣華語 **不難。** 台湾華語**は難しくありません。**

ディェンイン メイ ヨゥ― イ―ス―
Diàn yǐng méi yǒu yì si
⑦ 電影 **沒有意思。** 映画**が面白くありません。**

※有意思（面白い）の否定は"沒有意思"です。"不有意思"とは言いません。

● column　ちょっとひと休み

小籠包の食べ方について

日本でもお馴染みの台湾の食べ物に、小籠包が挙げられます。

小籠包を台湾料理と思っている方も多いと思いますが、そもそも小籠包は中国大陸の小吃（xiǎo chī ／シャウチー　※各地の特色料理、いわゆる現在の“Ｂ級グルメ”）で、戦後国民党とともに中国大陸から台湾に渡って来た人によって持ち込まれた食べ物です。

90年代頃台湾より世界に広がり、一気に台湾を代表する食べ物として知られるようになりました。

美味しい小籠包は「皮薄餡豐汁飽滿*」という、たっぷりの肉餡とともにジューシーな肉汁もぎゅうと包まれていることが要求されます。

できあがった小籠包は中の肉汁がとても熱く、そのまま口に入れると大やけどしてしまいます。

決まった食べ方はないのですが、多くの人は、①皮を破って肉汁を外にこぼさないように注意しながら、小籠包の先っぽを箸で軽くつまんで蒸籠から取り出し、②好みの量の醬油と酢を入れたレンゲの上にそっと乗せ、③お好みで千切り生姜をトッピングして、箸で軽く皮を破り、④あふれる肉汁とともにいただくことが多いようです。

いかがですか、おいしい小籠包を楽しむときには、くれぐれもやけどに十分に注意してくださいね！

*ピー バウ シェンフォンヅーバォウマン
pí báo xiàn fēng zhī bǎo mǎn
皮薄餡豐汁飽滿
⇒皮は薄くてモチモチしてコシがあり、中身（肉餡）はしっかりと詰まって、肉汁もたっぷりという意味。

3章 台湾華語の基本文型

3 形容詞文の疑問文型「A（很）～嗎?」（Aは（とても）～ですか?【“～”は形容詞】）

形容詞文の疑問文は動詞文型と同じ、文末（形容詞の後ろ）に「嗎？」をつければOKで、**「A～（很）嗎？」**となります。

疑問文の場合には普通「很」をつけませんが、先にも少し触れたように、強調など「とても（very）」の意味を、強く出したいときにはつけます。

また、疑問文の答えは、

・“**はい、～**”など肯定する場合
　／**「形容詞」のまま**
※返事するとき「很」をつけないのが一般的
・“**いいえ、～（く）ありません**”など否定する場合
　／**「不＋形容詞（否定形）」**

で返事をします。
一般動詞と同様、「你～嗎？」で聞かれたときに「我～」で返事します。

ニー　レイ　マ
Nǐ　lèi　ma
你 **累** **嗎**？　あなたは疲れま**したか**？

ウォー レイ　　　レイ
Wǒ　lèi　　　Lèi
——我 **累**。/ **累**。　**疲れました。**

ウォー ブー レイ　　　ブーレイ
Wǒ　bú　lèi　　　Bú lèi
——我 **不累**。/ **不累**。　**疲れません。**

ター　ピャウ リャンマ
Tā　piào liàng　ma
① 她 **漂亮** 嗎？　　彼女**は美しいですか**？

ニーメン　マン　マ
Nǐmen　máng ma
② 你們 **忙** 嗎？　　あなたたち**は忙しいですか**？

シャウロン バウ　ヘン　ハォチー　マ
Xiǎo lóng bāo hěn hǎo chī　ma
③ 小籠包 很 **好吃** 嗎？
ショウロンポウ**は**とても**美味しいですか**？

ニー　ヘン　レイ　マ
Nǐ　hěn lèi　ma
④ 你 很 **累** 嗎？　　あなた**は**大変**疲れていますか？**

ジャウトン　ファンビェン マ
Jiāo tōng fāng biàn　ma
⑤ 交通 **方便** 嗎？　　交通**は便利ですか**？

マゥ　ミー ヘン　カー アイ　マ
Māo　mī　hěn　kě　ài　ma
⑥ 貓咪 很 **可愛** 嗎？　　猫ちゃん**は**とても**可愛いですか**？

ファ　イン　ヘン　ナァンマ
Fā　yīn　hěn　nán　ma
⑦ 發音 很 **難** 嗎？　　発音**は**とても**難しいですか**？

ディェンイン ヘン　ヨゥー イースー マ
Diàn yǐng　hěn　yǒu yì　si　ma
⑧ 電影 很 **有意思** 嗎？　　映画**は**とても**面白いですか**？

3章
台湾華語の基本文型

練習

次の文を否定文と疑問文にしましょう。(答えはｐ89)

CD34 1−

ピン グオ　ヘン　ティエン
Píng guǒ hěn tián

ⅰ）蘋果 很 甜。

シーメンディン　ヘン　レェーナウ
Xī mén dīng hěn rè nào

ⅱ）西門町 很 熱鬧。

シーメンディン Xī mén dīng 西門町 西門町 （台北繁華街の地名）	ティエン tián 甜 甘い	レェーナウ rè nào 熱鬧 賑やか

4章

数字と数字関連の表現

本章では台湾華語（中国語）の数字と、数字関連の表現を学びましょう。日常生活でもよく使う、数量、時間、金額など数字関連の表現を加えることで、さらに具体的で多様な会話ができるようになっていきます。

01 数字の表現

CD35 1-

台湾華語（中国語）の数字の基本は0～10です。

0～10が言えれば99まで、日本語の感覚のままで言うことが可能です。

電話番号などを使って、10までの読み方をしっかり覚えましょう。

1 0～10の数字の言い方

リン líng 零	イー yī 一	アー èr 二	サン sān 三	スー sì 四	ウー wǔ 五	リォウ liù 六
チー qī 七	バー bā 八	ジォウ jiǔ 九	スー shí 十			

2 10以上の数字の言い方

スーイー shí yī 十一	スーアー shí èr 十二	スーウー shí wǔ 十五	スーバー shí bā 十八	アー スー èr shí 二十
アー スー イー èr shí yī 二十一	アー スー アー èr shí èr 二十二	サン スー sān shí 三十	スー スー sì shí 四十	ウー スー wǔ shí 五十
リォウスー liù shí 六十	チースー qī shí 七十	バースー bā shí 八十	ジォウスー jiǔ shí 九十	ジォウスージォウ jiǔ shí jiǔ 九十九

3 100以上の数字の言い方

イー バイ yì bǎi 一百 100	イー バイ リン イー yì bǎi líng yī 一百零一 101	イー バイ リン アー yì bǎi líng èr 一百零二 102
イー バイ イー スー yì bǎi yī shí 一百一十 110	イー バイ イー スー イー yì bǎi yī shí yī 一百一十一 111	イー バイ イー スーリョウ yì bǎi yī shí liù 一百一十六 116
イーチェン yì qiān 一千 1000	イーチェンリンイー yì qiān líng yī 一千零一 1001	イー チェンリン アー yì qiān líng èr 一千零二 1002
イー チェン イー バイ yì qiān yì bǎi 一千一百 1100	イー ワン yí wàn 一萬 10000	イー ワン リン イー yí wàn líng yī 一萬零一 10001
イーワン リン ウーバイ yí wàn líng wǔ bǎi 一萬零五百 10500	イー ワンリン バ バイリン サン yí wàn líng bā bǎi líng sān 一萬零八百零三 10803	

p 86 練習答え

ⅰ）ピン グオ ブー ティェン　ピン グオ ティェン マ
Píng guǒ bù tián　Píng guǒ tián ma
蘋果 不甜。／蘋果 甜 嗎？

ⅱ）シーメンディン ブーレェーナウ　シーメンディン レェーナウ マ
Xī mén dīng bú rè nào　Xī mén dīng rè nào ma
西門町 不熱鬧。／西門町 熱鬧嗎？

4 数字を読むうえでの注意点

台湾華語（中国語）の数字の言い方は、日本語の言い方とほぼ変わりませんが、以下については異なります。注意しましょう。

- 「一」百（100）や「一」千（1000）など、3桁以上の数字は、頭が「一」の場合でも、「一」も言います（省略しません）。

- 一百一十（110）、兩百一十一（211）などは、「一百十」や「兩百十一」とは言いません。3桁以上の数字の十の位が「一」の場合「～一十～」と言います。
  2桁の場合のみ「十～」と言います。

- 一百零一（101）、一千零一（1001）など、数字と数字の間に「0」がある場合は「0」も言います。
  「00」など、「0」が続く場合は「0」を一度だけ言います。

- 3桁以上の数字で、その位の最初が「2」の場合（「兩百」「兩千」「兩萬」など）、習慣的に「liǎng ／リャン」と言います。
  ※たとえば、「2222」は、兩千兩百二十二（liǎng qiān liǎng bǎi èr shí èr）です（p 95、p 101も参照のこと）。

- 台北101大樓や台北228公園、電話番号、部屋番号（ホテルなど）の数字は、一つひとつ読みます（粒読み）。

- 電話番号や部屋番号は、普通話の場合 1 を「yāo」と読みますが、台湾華語の場合は「yī」と読みます。

● column　ちょっとひと休み

「沒關係（méi guān xī ／メイグァンシー）」
それとも「沒問題（méi wèn tí ／メイウンティー）」？

他人からの謝罪やお願いに対して返事するときに、「沒關係」か「沒問題」のどちらで返事するか、迷うことが多いと日本人からよく質問されます。

「沒關係」と「沒問題」は、日本語ではどちらも「大丈夫」の意味ですが、台湾華語（中国語）では、「沒關係」と「沒問題」は、まったく違う意味合いを持つことがほとんどです。

「沒關係」は「気にしないで、または構いません、平気です」という意味合いで、字面からの意味で解釈する場合は「AとBとは関係ありません」という意味もあります。

一方、「沒問題」は「支障や問題はありません、解決した、あるいは疑問・質問がありません」という意味合いです。

したがって、人から何かの謝罪をされた際は「沒關係」、人から依頼やお願いされ、自分のできる範囲内で大丈夫だと判断したときには「沒問題（OKですよ）」と返事をします。

たとえば、買物のときに、店員さんから「大変申し訳ございません。ちょうど売り切れなんです」や「すみません。足を踏んでしまって」といわれた場合は「沒關係」。

同僚や友人から「すみません。お財布を忘れてしまって、千円貸していただけますか」や「明日一緒に〇〇へ行きませんか」などといわれたときには、「沒問題（OKです）」と返事をします。

02 数量の言い方と量詞

台湾華語（中国語）にも日本語と同じように、ものを数えるときの“単位”（数量詞／台湾華語（中国語）では「量詞」と言います）があります。数えるものによって特定の量詞が使われていることもあり、その種類は非常に多いです。

日常生活でよく使われている量詞を、まずは覚えていきましょう。

1 よく使われる代表的な量詞

CD36 1–

ガ
ge
個（個）／物や人など

イー ガ レン yí ge rén 一個 人 ひとりの人	リャン ガ ピングォ liǎng ge píng guǒ 2個 蘋果 2つのリンゴ

※「2」の読み方はｐ95参照。

ベイ
bēi
杯（杯）／コップ・グラスに入れるもの

サンベイ ホンチャー sān bēi hóng chá 3杯 紅茶 3杯の紅茶	スーベイ カーフェイ sì bēi kā fēi 4杯 咖啡 4杯のコーヒー	ウーベイ グォーヅー wǔ bēi guǒ zhī 5杯 果汁 5杯のジュース

ピン
píng
瓶（瓶・本）／瓶詰めのもの

リォウピン カーラー liù píng kě lè 6瓶 可樂 6本のコーラ	チーピン ピージョウ qī píng pí jiǔ 7瓶 啤酒 7本のビール

ベン
běn
本（冊）／書籍・ノート類

バーベン ヅアヅー bā běn zá zhì 8本 雜誌 8冊の雑誌	ジォウベン ヅーディェン jiǔ běn zì diǎn 9本 字典 9冊の辞書	スー ベン ファーユィ スゥー shí běn huá yǔ shū 10本 華語書 10冊の華語の本

ジェン
jiàn
件（枚、件）／衣類・出来事など

ウージェン ツェン サアン wǔ jiàn chènshān 5件 襯衫 5枚のシャツ	イージェン スー yí jiàn shì 1件 事 1件（の出来事）

ヅー
zhī
隻（匹・羽）／人間より小さい動物

リャンヅー マゥ liǎng zhī māo 2隻 貓 2匹の猫	スーヅー ニャウ sì zhī niǎo 4隻 鳥 4羽の鳥

ヅァン
zhāng

張（枚）／紙類や広い面を持つものや家具

ウーヅァン　ヅー wǔ zhāng zhǐ 5張　紙 5枚の紙	リォウヅァン CD liù zhāng CD 6張 CD 6枚のCD	イーヅァン　ヅゥオヅー yì zhāng zhuō zi 1張　桌子 1卓のテーブル

タイ
tái

台（台）／機械、電器製品

チータイ　ディェンナウ qī tái diàn nǎo 7台 電腦 7台のパソコン	サンタイ　ソゥジー sān tái shǒu jī 3台 手機 3台の携帯電話

スゥアン
shuāng

雙（足・ペア）／2つで1組のもの

リォウスゥアン　クァイヅ liù shuāng kuài zi 6雙　筷子 6膳の箸	バーシゥアン　シェーヅ bā shuāng xié zi 8雙　鞋子 8足の靴

ロウ
lóu

樓（階）／建物の階数（「層 céng ／ツェン」とも言う）

ウーロウ wǔ lóu 5樓 5階	アーロウ èr lóu 2樓 2階

2 「2」の2つの言い方

CD37 1-

「2」は“èr”と“liǎng”の2つの言い方があります。

番号や順序の場合は“二（èr）”と、数量の場合は“兩（liǎng）”と言います。

しかし、2桁（“二十～”と“～十二”）の場合は、“liǎng”とは言わずすべて“èr”になります。

リャンガ レン liǎng ge rén 2個人 ふたりの人	アーハォ èr hào 2號 2番・2号	ディ アー ガ dì èr ge 第2個 2個め

3 対象を特定する場合

CD38 1- 

“この～”、“あの～”と物や人を特定して言う場合、指示代名詞の後ろに量詞をつけます。

「指示代名詞＋数量＋量詞＋物・動物・人」の構文になります。

ヴァ (イー) ベン ヴアヅー
Zhè (yí) běn zá zhì
這（一）本 雜誌
この雑誌

ナー リャン ベイ カーフェイ
Nà liǎng bēi kā fēi
那 2杯咖啡
あの２杯のコーヒー

ナー サンガレン
Nà sāngerén
那 3個人
あの三人（の人）

数量が「１」の場合、量詞はほとんど省略されますが、“あの”～、“この”～を強調する場合には、省略しません。

ウォー マイ ヴァベン ヅーディェン
Wǒ mǎi zhèběn zì diǎn
① 我 買 這本 字典。 私はこの辞書を買います。

ナー リャンガレン スー ウォー ペンヨゥ
Nà liǎng gerén shì wǒ péngyǒu
② 那 2個人 是 我 朋友。
あの2人（の人）は私の友だちです。

ナー ガ タイ ワァンディェンイン ヘン ヨゥイースー
Nà ge Táiwān diànyǐng hěn yǒu yì si
③ 那 個 台灣電影 很 有意思。
あの台湾映画はとても面白い。

ナー ガ ゴンユェン ピャウ リャンマ
Nà ge gōng yuán piào liàng ma
④ 那 個 公園 漂亮 嗎？ あの公園はきれいですか。

2

03 年号・曜日・日付の言い方

CD39 1-

1 年号の言い方

シーユエン Xī yuán 西元 西暦	ヅォンホァミングォ Zhōng huá mín guó 中華民國 中華民国	ヅァウヘー Zhāo hé 昭和 昭和
ピンチェン Píng chéng 平成 平成	リンヘー Lìng hé 令和 令和	※中華民国元年は 西暦1912年

2 曜日の言い方

台湾華語（中国語）では、曜日は数字で表現します。

シンチー イー xīng qí yī 星期一 月曜日	シンチー アー xīng qí èr 星期二 火曜日	シンチー サン xīng qí sān 星期三 水曜日	シンチー スー xīng qí sì 星期四 木曜日
シンチー ウー xīng qí wǔ 星期五 金曜日	シンチー リォウ xīng qí liù 星期六 土曜日	シンチー リー xīng qí rì 星期日 日曜日	シンチー ティエン xīng qí tiān 星期天 日曜日

※「星期」の代わりに「禮拜（lǐbài ／リーバイ）～」や「週（zhōu ／ヅォ）～」と言うこともあります。

※「星期～」は普通話で「xīng qī（第1声)」と発音し、台湾華語では「xīng qí（第2声)」と発音します。

3 日付の言い方

ニェン nián 年 年	ユェ yuè 月 月	リー rì 日 日（文語）	ハォ hào 號 日（口語*）

＊日常会話のみに使う

アーリンアーリン èr líng èr líng 2020	ニェン nián 年	リォウ liù 6	ユェ yuè 月	アースー èr shí 20	リー rì 日／	ハォ hào 號

ヅォンホァミングォ Zhōng huá mín guó 中華民國	ジョウスージョウ jiǔ shí jiǔ 九十九	ニェン nián 年

スー shí 十	ユェ yuè 月	スー shí 十	リー rì 日／	ハォ hào 號

・西暦年号の数字は一つひとつ読みます。

・和暦と中華民国暦年号の数字は普通の読み方で読みます。

・表記は「日」を使います。
日常会話のときは「日」や「號」のどちらとも言います。

4章 数字と数字関連の表現

04 時刻の言い方

1 台湾華語（中国語）の時間詞

CD40 1-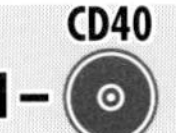

ディィエン diǎn **點** 時	フェン fēn **分** 分

①時刻の表現は「～點～分」

ウーディィエンアースーフェン wǔ diǎn èr shí fēn **五點二十分** 5時20分	リャンディィエンウースーフェン liǎng diǎn wǔ shí fēn **兩點五十分** 2時50分
バーディィエン（ヅェン） bā diǎn（zhěng） **八點（整）** 8時（ちょうど）	スーイー　ディィエン（リン）ウーフェン shí yī　diǎn（líng）　wǔ fēn **十一點（零）五分** 11時5分

②～時 15 分　言い方２つ（15 分＝一刻）

スーディィエンスーウーフェン shí diǎn shí wǔ fēn **十點十五分** 10時15分	スーディィエンイーカー shí diǎn yí　kè **十點一刻** 10時15分

③～時 30 分（半）　言い方２つ（30 分＝半）

スーアーディェンサンースーフェン shí èr diǎn sān shí fēn 十二點三十分 12時30分	スーアーディェンバン shí èr diǎn bàn 十二點半 12時30分

④～時 45 分　言い方２つ（45 分＝三刻）

サンディェンスースーウーフェン sān diǎn sì shí wǔ fēn 三點四十五分 3時45分	サンディェン サンカー sān diǎn sān kè 三點三刻 3時45分

※「2」は番号や順序の場合は「二（èr）」と言いますが、時間の2點（2時）だけ「liǎng ／ diǎn リャンディェン」と言います。

※15分は「一刻」（45分は「三刻」）とも言いますが、台湾ではあまりこの言い方をしません。

※11時5分など10分以内の場合、「零（líng）」を省略、あるいは「零（líng）」の代わりに「過（guò）」と言うこともあります。

スー イー ディエン shí yī diǎn 十一點	（グォ） (guò) （過）	ウーフェン wǔ fēn 五分

11時５分

2 そのほかの時間詞の言い方

CD41 1-

サン ウー shàngwǔ 上午 午前	シャーウー xià wǔ 下午 午後	ヅァウサン zǎoshang 早上 朝	シェンヅァイ xiàn zài 現在 いま・現在
ヅォンウー zhōngwǔ 中午 昼・正午	ワンサン wǎnshàng 晚上 夜	イェ リー　バンイェ yè lǐ　bàn yè 夜裡／半夜 夜中	

ヅゥオティェン zuótiān 昨天 昨日	ジン ティェン jīn tiān 今天 今日	ミンティェン míngtiān 明天 明日

サン (ガ) シンチー shàng (ge) xīngqí 上(個)星期 先週	ヅァ (ガ) シンチー zhè (ge) xīngqí 這(個)星期 今週	シャー (ガ) シンチー xià (ge) xīngqí 下 (個)星期 来週

※星期（週）の量詞「個」は普通省略されます。
また、星期の代わりに「禮拜」や「週」に置き換えることもできます(p 98参照)。
例：「上禮拜」「這週」「下週」

サン ガ ユェ shànggeyuè 上個月 先月	ヅッ ガ ユェ zhè ge yuè 這個月 今月	シャーガ ユェ xià ge yuè 下個月 来月

チュィーニェン qùnián 去年 去年	ジンニェン jīnnián 今年 今年	ミンニェン míngnián 明年 来年

3 「修飾語＋的＋時候」

～ ダ スーホウ
～ de shí hòu
～的時候
～（する）とき

シャウダ スーホウ xiǎo de shí hòu 小的時候 子どもの頃（のとき）	チュィタイベイ ダ スーホウ qù Táiběi de shí hòu 去台北的時候 台北に行くとき	チーファンダ スー ホウ chī fàn de shí hòu 吃飯的時候 ご飯を食べるとき

4 例文

CD42 1-

今まで学んだ時間詞と数字を使って文を作りましょう。

ター　ダ　センリー　スー　スー　ユェ アースーサン ハォ
Tā de shēng rì shì shí yuè èr shí sān hào
① 她 的 生日 是 10月23號。

彼女の誕生日は10月23日です。

センダンジェー　スー　スー アー ユェ アースーウー リー
Shèng dàn jié shì shí èr yuè èr shí wǔ rì
② 聖誕節 是 12月25日。

クリスマスは12月25日です。

ジン ティエン (スー)　アーリンアーイー ニェン ウー ユェ アースーバーリー シンチーウー
Jīn tiān (shì) èr líng èr yī nián wǔ yuè èr shí bā rì xīng qí wǔ
③ 今天（是）2021年5月28日 星期五。

今日は2021年5月28日金曜日です。

シェンヅァイ (スー)　サンウー　スーディェンスーウーフェン
Xiàn zài (shì) shàng wǔ shí diǎn shí wǔ fēn
④ 現在（是）上午 10點15分。

今は午前10時15分です。

※日付と時刻を言うときの動詞は“是”を使います。肯定の場合は“是”がほとんど省略されますが、否定の場合“不是”は省略できません。

ジンティエン ブースー　シンチーウー
Jīn tiān bú shì xīng qí wǔ
⑤ 今天 不是 星期五。

今日は金曜日ではありません。

5 「(時間～) に～をする」

CD43 1-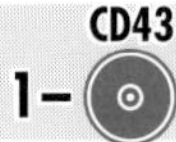

中国語で「(時間～) に～をする」と表現するとき、時間詞は主語の前や後ろに置き、

◎「主語＋"時刻"＋動詞＋目的語」
◎「"時刻"＋主語＋動詞＋目的語」

の構文になります（一般的に時間詞は主語の後ろに置きます）。

※例文の下線部分はすべて時間詞です。台湾華語（中国語）の時間表現は日本語と同じことがわかります。日本人には馴染みやすいでしょう。

ティェンヂォン シェンセン シャーシンチー チュィ タイナン
Tián zhōng xiān shēng xià xīng qí qù Táinán
① 田中　先生　**下星期** 去 台南。

田中さんは**来週**台南に行きます。

ウォーメンゴンスー バーディェンバン サンバン
Wǒmen gōng sī bā diǎn bàn shàng bān
② 我們公司 **8：30**　上班*。

私たちの会社は**8時半**に出勤します。

＊上班／出勤、下班／退勤

ウォー チー ファン ダ スーホウ カァン ディェンスー
Wǒ chī fàn de shí hòu kàn diàn shì
③ 我 **吃 飯 的 時候** 看 電視。

私は**ご飯を食べるとき**テレビを見ます。

4章 数字と数字関連の表現

ティィエンヅォン シェンセン
Tián zhōng xiān shēng
④ 田中　先生

シャーシンチー　チュイ タイベイ　ダ　スーホウ　チュイ
xià xīng qí　qù　Táiběi　de　shí hòu　qù
下星期 去 台北 的 時候 去

タイベイイーリンイー ダーロゥ
Táiběi yī líng yī　dà lóu
台北101大樓。

田中さんは**来週台北に行くとき**台北101に行きます。

練習

下線の部分を以下の時間詞に置き換えて読みましょう。

CD44 1-

ウォー ジンティエンチュイ タイナン
Wǒ　jīn tiān　qù　Táinán
我 今天 去 台南。　私は今日台南に行きます。

①明天（míngtiān ／ミンティェン）
／明日
②明天下午（míngtiān xiàwǔ ／ミンティェン シャーウー）
／明日の午後
③下（個）星期（xià（ge）xīngqí ／シャー（ガ）シンチー）
／来週
④下星期天（xià xīng qí tiān ／シャー シンチー ティエン）
／次の日曜日
⑤6月1號（liù yuè yī hào ／リォウ ユェ イーハォ）
／6月1日
⑥6月1號早上
（liù yuè yī hào zǎoshang ／リォウ ユェ イーハォヅァウサン／）
／6月1日の朝

練習

これまで学んだ文型と数字を使って文を作ってみましょう。（答えはｐ110）

①今、午後２時30分です。
②2025年12月16日火曜日。
③朝８時に出勤します。
④私は木曜日に台湾に行きます。
⑤私はコーヒーを２杯飲みます。

05 金額の言い方

CD45 1-

台湾の通貨は「新台幣（Xīn tái bì/シンタイビー）」です。

日本語では新台湾ドル（New Taiwan Dollar ／表記：NT$）と言い、基本単位は「元／圓（yuán ／ユェン）」となります。

「元」の下にさらに「角」と「分」の単位がありますが、日常生活（外貨両替以外）では現在使われていません。

1元（塊）=10角（毛）=100分

＊塊（kuài ／クァイ）、角（jiǎo ／ジャウ）、
毛（máo ／マウ）、分（fēn ／フェン）

※「塊」と「毛」はそれぞれ「元」と「角」の口語形式で日常会話のみ使います。

ちょっと応用～日本円を台湾ドルと外貨両替する

為替レートNT$ 1 ：￥3.95の場合。「￥3.95」の読み方は、

リー ビー　サン　ディェン ジォウ ウー ユェン
Rì bì　sān diǎn　jiǔ wǔ yuán
日幣 三 點　九五 元

です。小数の読み方は日本語と全く同じです。

元（塊）角（毛）分で言う場合は、「3元（塊）9角（毛）5分」です。

1 台湾華語での主な国の通貨単位

リー ユェン　リービー Rì yuán Rì bì 日元／日幣 日本円	メイユェン Měi yuán 美元 ドル	オウユェン Ōu yuán 歐元 ユーロ
レンミンビー Rén mín bì 人民幣 人民元	ハン ユェン Hán yuán 韓元 ウォン	ガンビー Gǎng bì 港幣 香港ドル

2 数字を使っての金額の例文

カーフェイ イーベイ サン スー ウー ユェン
Kā fēi yì bēi sān shí wǔ yuán
咖啡 1杯 35 元（三十五元）。
コーヒー 1杯35元です。

ヅァバウ タイワァンチャー イーバイジォウスーユェン
Zhè bāo Táiwān chá yì bǎi jiǔ shí yuán
這 包* 台灣茶 190 元（一百九十元）。
この台湾茶は190元です。
＊包／パック、袋

ナー タイ ソゥジー リャンワァンジォウチェン ユェン
Nà tái shǒu jī liǎng wàn jiǔ qiān yuán
那 台 手機 29000 元（兩萬九千元）。
あの携帯電話は29000元です。

4章
数字と数字関連の表現

p 107　練習答え

①

シェンヅァイ（スー）　シャーウー　リャンディェンサンスーフェン（リャンディェンバン）
Xiàn zài (shì) shàng wǔ liǎng diǎn sān shí fēn (liǎng diǎn bàn)
現在（是）下午　2點30分　（2點半）。

②

アー　リン アー　ウー　ニェンスー アー　ユェ　スー　リォウハォ　シンチー　アー
Èr líng èr wǔ nián shí èr yuè shí liù hào xīng qí èr
二〇二五年十二月十六號 星期二。

③

ヅァウサン　バーディェン サンバン
Zǎoshang bā diǎn shàng bān
早上　八点　上班。

④

ウォー シンチー　スー　チュィ タイワァン
Wǒ xīngqī sì qù Táiwān
我 星期四 去 台灣。

⑤

ウォー フー　リャンベイ カーフェイ
Wǒ hē liǎng bēi kā fēi
我 喝 兩杯 咖啡。

5章

台湾華語
基本文型の活用Ⅰ

これまで台湾華語（中国語）の、２つの基本文型と基礎構文の方法を学びました。
台湾で出張や旅行する際に、支障なく最低限のコミュニケーション力を確保するため、また、より豊かな日常会話の表現力を身につけるために、５章ではいろいろな基礎表現の方法を学びましょう。

01 名詞修飾「的“de”」(～の～)——修飾語＋的＋名詞

台湾華語（中国語）では、「名詞、代名詞、疑問詞、形容詞、動詞」は、すべて修飾語として名詞を修飾することができます。

修飾語と名詞（被修飾語）は「的（de ／ダ）**」で繋がり、**「修飾語＋的＋名詞」**の構文**になります。

では、いろいろな類型の修飾語を見てみましょう。

1 名詞で名詞を修飾する場合

CD1 2-◎

名詞が名詞を修飾する場合の”**的**”は、

①所有
②所属・関連

の２つの意味を持っています。

①所有

ウォーダ　ディェンナウ Wǒ de diàn nǎo 我**的**電腦 私**の**パソコン	ゴンスー　ダチェー Gōng sī de chē 公司**的**車 会社**の**車	バーバー　ダ　スォウジー Bà ba de shǒu jī 爸爸**的**手機 父**の**携帯電話

②所属・関連

ウォー (ダ) バーバ Wǒ (de) bà ba 我(**的**)爸爸 私の父	ウォーメン (ダ) ゴンスー Wǒ men (de) gōng sī 我們(**的**)公司 私たちの会社
ゴンスー (ダ) ジンリー Gōng sī (de) jīng lǐ 公司(**的**)經理 会社のマネジャー	シュエシャウ (ダ) ホウミェン Xué xiào (de) hòu miàn 學校(**的**)後面 学校の裏側
ガーガ (ダ) ペェンヨゥ Gē ge (de) péng yǒu 哥哥(**的**)朋友 兄の友だち	タイワァン (ダ) チャー Táiwān (de) chá 台灣(**的**)茶 台湾のお茶

※所属・関連の「的」は"家族""近しい友人関係""所属組織""場所・位置""固有名詞（国名・地名）""熟語"などにおいては、ほとんどの場合省略されます。
上記の場合、「我爸爸」「我們公司」「公司經理」「學校後面」「台灣茶」がそれに該当します。

ナー スー ソゥジー
Nà shì shǒujī
那 是 手機。　　あれは携帯電話です。

ナー スー バーバ ダ ソゥジー
Nà shì bà ba de shǒujī
那 是 **爸爸的**手機。　　あれは**父さんの**携帯電話です。

ナー スー ウォー バーバー ダ ソゥジー
Nà shì wǒ bà ba de shǒujī
那 是 **我 爸爸的**手機。　　あれは**私の父の**携帯電話です。

※我爸爸（所属）、爸爸的手機（所有）

2 形容詞で名詞を修飾する場合

CD2 2-

この場合の「的」は日本語では意味を持っていません。

ハォチー　ダ　フォンリー
Hǎo chī de fèng lí
好吃 **的** 鳳梨。　　**おいしい**パイナップル。

ハォチー　ダ　タイワァンフォンリー
Hǎo chī de Táiwān fèng lí
好吃 **的** **台灣**鳳梨。　　**おいしい台湾**パイナップル。

3 動詞で名詞を修飾する場合

CD3 2-

この場合の「的」も日本語では意味を持っていません。

ヅァ　スー　イー フー
Zhè shì yī fú
這 是 衣服。　　これは服です。

ヅァ　スー　ウォーマイ　ダ　イーフー
Zhè shì wǒ mǎi de yī fú
這 是 我 **買** **的** **衣服**。　　これは私が**買った服**です。

ウォーマイ　ダ　イーフー　ヘン　ピャウリャン
Wǒ mǎi de yī fú hěn piào liàng
我 **買** **的** **衣服** **很** **漂亮**。　　私が**買った服はとてもきれいです**。

4 文で名詞を修飾する場合

CD4 2-

修飾語と名詞の間にすべて「的」が入っています。

ニー　チュィ　タイベイ　ダ　スーホウ
Nǐ qù Táiběi de shí hòu
你 去 台北 **的** 時候。

あなたが台北に行くとき。
＊～時候／～のとき

ウォーメン　マイ　ドンシー　ダ　シャンディエン
Wǒmen mǎi dōng xī de shāng diàn
我們 買 東西 **的** 商店。

私たちが買い物**した**商店。
＊商店／商店、店

日本語にまだなじんでいない中華系の人が、よく“忙しいのとき”“（値段が）とても高いのもの”などと言うのも、この台湾華語（中国語）修飾語の「的」に原因があるようです。

練習

下記の文の「手機（携帯電話）」のところに、いろいろな修飾語を加えてみましょう（答えはｐ117）。

ヅァ　スー　ソウジー
Zhè shì shǒujī
這 是 手機。　これは携帯電話です。

①これは父の携帯電話です。
②これは父が買った携帯電話です。
③これは私の父が買った携帯電話です。
④私の父が買った携帯電話は高いです。

02 いろいろな疑問詞と疑問文

３章で「～嗎？（～ですか？、～ますか？）」という台湾華語（中国語）の疑問文を学びました。

しかし、「～嗎？」という質問の仕方は「是」と「不是」、あるいは「去」と「不去」などの〈「Yes」or「No」〉の返事しかできず、**"何""誰""いつ""どこ"などのように、人やもの、場所に対して質問ができません。**

それらへの質問や疑問があったときに、「どんな疑問詞を使って、どのように尋ねるか」、いわゆる英語の"５Ｗ １Ｈ"である、**台湾華語（中国語）の疑問表現（疑問詞疑問文）**をこれから学んでいきましょう。

疑問表現をマスターすることで、会話の範囲がさらに広がり楽しくなります。

1 台湾華語（中国語）疑問文の構文

本題に入る前に、まずこれまで学んだ台湾華語（中国語）の基本文型を復習しましょう。

台湾華語（中国語）の２つの基本文型
①「主語＋動詞＋目的語」の"動詞文型"（ｐ56～）
②「主語＋（很）＋形容詞」の"形容詞文型"（ｐ80～）

この基本文型を学ぶとき、**"台湾華語（中国語）は語順が決まっていて、さらに肯定文、否定文、疑問文とも同じ語順になる"**と説明しました。

つまり、**疑問詞疑問文の場合、動詞文型、形容詞文型ともに**質問の対象が主語にあたるときは疑問詞を主語**に、**質問の対象が目的語にあたるときは疑問詞を目的語**に入れるだけで、疑問詞疑問文になります。**

以上のことを一度整理すると以下の4文型になります。

①動詞文型

・「疑問詞（主語）＋動詞＋目的語」

・「主語＋動詞＋疑問詞（目的語）」

②形容詞文型

・「疑問詞（主語）＋形容詞」

・「主語＋疑問詞（形容詞）」

p 115　練習答え

ヴァ　スー　バーバ　ダ　ソゥジー
Zhè shì bà ba de shǒu jī
① 這 是 爸爸 的 手機。

ヴァ　スー　バーバ　マイ　ダ　ソゥジー
Zhè shì bà ba mǎi de shǒu jī
② 這 是 爸爸 買 的 手機。

ヴァ　スー　ウォー バーバ　マイ　ダ　ソゥジー
Zhè shì wǒ bà ba mǎi de shǒu jī
③ 這 是 我 爸爸 買 的 手機。

ウォー バーバ　マイ　ダ　ソゥジー　ヘン　グェイ
Wǒ bà ba mǎi de shǒu jī hěn guì
④ 我 爸爸 買 的 手機 很 貴。

2 疑問詞「什麼」

CD5 2-

「什麼（shén me ／セェンマ）」は日本語の“何”、“どんな”にあたる疑問詞です。

質問対象が物や事柄、人名、時間のときに使います。

ニー　フー　セェンマ
Nǐ　hē　shén me
① 你 喝 **什麼**？　　あなたは**何**を飲みますか？

ニー　マイ　セェンマ
Nǐ　mǎi　shén me
② 你 買 **什麼**？　　あなたは**何**を買いますか？

※“什麼”は修飾語として名詞を修飾することもできます。

ニー　ジャウ　セェンマ　ミンヅー
Nǐ　jiào　shén me　míng zi
③ 你 叫 **什麼** 名字？

お名前は**何**とお読みしますか？

※台湾華語（中国語）の疑問詞疑問文は、改めて文末に「嗎？」をつける必要がありません。

※「什麼」が修飾語として名詞を修飾する場合、修飾語と名詞との間に「的」は必要ありません。

◎疑問詞疑問文に対する返答

返答するときには、その疑問詞があるところに対応した答えを入れます。

④

ヅァ　スー　セェンマ
Zhè shì shén me
這 是 **什麼**？

これは**何**ですか？

ヅァ　スー　スゥウェイシャンジー
Zhè shì shù wèi xiàng jī
這 是 **數位相機**。

これは**デジタルカメラ**です。

⑤

ニー　フー　セェンマ　チャー
Nǐ hē shén me chá
你 喝 **什麼** 茶？

あなたは**何の**お茶を飲みますか？

ウォー　フー　タイワァン ウーロンチャー
Wǒ hē Táiwān wū lóng chá
我 喝 **台灣烏龍**茶。

私は**台湾ウーロン**茶を飲みます。

3 疑問詞「誰」

CD6 2-

「誰（shéi ／セイ）」は、日本語の“誰”にあたる、人称代名詞（p56）の疑問詞です。

質問対象は人間のみとなります。

複数形がなく、単数・複数とも「誰」を使います。

①

ターメン　スー　セイ
Tāmen　shì　shéi
他們 是 **誰**？　　彼らは**誰**ですか？

↓

ターメン　スー　ウォー ペェンヨゥ
Tāmen　shì　wǒ　péng yǒu
他們 是 我 **朋友**。　　彼らは私の**友だち**です。

②

セイ　チュィ タイワァン
Shéi qù　Táiwān
誰 去 台灣？　　**誰**が台湾へ行きますか？

ティェンヅォン シェンセン　チュィ タイワァン
Tián zhōng xiān shēng qù　Táiwān
田中　先生　去 台灣。　　**田中さん**が台湾へ行きます。

※“誰”は修飾語として名詞を修飾する場合。

③

ヅァ　スー　セイ　ダ　ソゥジー
Zhè shì shéi de shǒu jī
這 是 **誰** 的 手機？　　これは**誰**の携帯電話ですか？

ヅァ　スー　マーマー　ダ　ソゥジー
Zhè shì mā ma de shǒu jī
這 是 **媽媽** 的 手機。　　これは**母**の携帯電話です。

④

ターメン　スー　セイ　ダ　ペエンヨゥ
Tāmen shì shéi de péng yǒu
他們 是 **誰** 的 朋友？　　彼らは**誰**の友だちですか？

ターメン　スー　ジェジェ　ダ　ペエンヨゥ
Tāmen shì jiě jie de péng yǒu
他們 是 **姐姐** 的 朋友。　　彼らは**姉さん**の友だちです。

4 疑問詞「哪～」と「哪些～」

CD7 2–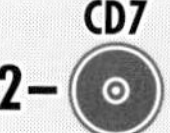

「哪（nǎ／ナー）」と「哪些（nǎ xiē／ナーシェ）」は日本語の“どの～”“どれ”にあたる、指示代名詞（p 57）の疑問詞です。

質問対象は特に制限がありません。

それぞれ次の関係になります。

指示代名詞	単数	複数
近称	ヴァ Zhè 這 これ・この	ヴァシェ zhè xiē 這些 これら
中・遠称	ナー Nà 那 それ/あれ・その/あの	ナー シェ nà xiē 那些 それら/あれら
疑問詞	ナー Nǎ 哪 どれ・どの	ナー シェ nǎ xiē 哪些 どれ・どの

「哪～」は「這」や「那」と同じ、後ろに物や人につなげる場合は量詞（p 92）をつけて言います。**「哪＋数量＋量詞＋物・動物・人」**の構文になります。

「哪些」は量詞をつける必要がありません（**「哪些＋数量＋物・動物・人」**の構文）。

①

ニー　フー　ナー ベイ　カーフェイ
Nǐ　hē　nǎ bēi　kā fēi
你 喝 **哪杯** 咖啡？
あなたは**どの**コーヒーを飲みますか？

ウォー フー　ヅァベイ　（カー フェイ）
Wǒ　hē　zhè bēi　(kā fēi)
我 喝 **這杯**（咖啡）。
私は**この**コーヒーを飲みます。

②

ニー　カァンナー ヅァン DVD
Nǐ　kàn　nǎ zhāng DVD
你 看 **哪張** DVD？
あなたは**どの**DVDを見ますか？

ウォー カァンナー ヅァン　ファーユィ ダ　(DVD)
Wǒ　kàn　nà zhāng huá yǔ　de　(DVD)
我 看 **那張** 華語 的（DVD）。
私は**あの**台湾華語の（DVD）を見ます。

※上記のように互いに質問の対象がわかっているとき、「哪～」と「哪些～」の後ろの名詞が省略できます。

③

ニー　マイ　ナー ガ
Nǐ　mǎi　nǎ ge
你 買 **哪個**？
あなたは**どれ**を買いますか？

ウォー マイ　ヅァ ガ
Wǒ　mǎi　zhè ge
我 買 **這個**。
私は**これ**を買います。

④

ナー シエ　スー　ニー　ダ　CD
Nǎ xiē　shì　nǐ　de　CD
哪些 是 你 的 CD？
どれがあなたのCDですか？

ヅァシエ　（スーウォーダCD）
Zhè xiē　(shì wǒ de CD)
這些（是我的CD）。
これら（が私のDVD）です。

5 疑問詞「哪裡／哪兒」

CD8 2-

「哪裡（nǎ lǐ／ナーリー）／哪兒（nǎ er／ナーアー）」は日本語の“どこ”にあたる、場所代名詞（p 57）「這裡／這兒」と「那裡／那兒」の疑問詞です。

質問対象は場所のみとなります。

①

ニー　ミンティェンチュィ ナー リー
Nǐ　míng tiān qù　nǎ lǐ
你 明天 去 **哪裡**？　　あなたは明日**どこ**へ行きますか？

ウォー ミンティェン チュィゴンスー
Wǒ　míng tiān　qù　gōng sī
我 明天 去 **公司**。　　私は明日**会社**へ行きます。

②

ツェン ラゥスー　チュィ ナー リー
Chén lǎo shī　qù　nǎ lǐ
陳 老師 去 **哪裡**？　　チン先生は**どこ**へ行きますか？

ター フェイ ジャー
Tā　huí　jiā
她回*<u>**家**</u>。　　彼女は**家**に帰ります。

＊回／帰る、戻る

※“哪裡”は修飾語として名詞を修飾する場合。

③

ニー　フー　ナー リー　ダ　チャー
Nǐ　hē　nǎ lǐ　de　chá
你 喝 **哪裡** 的 茶？　　あなたは**どこ**のお茶を飲みますか？

ウォー フー　アー リー サン　ダ　チャー
Wǒ　hē　Ā　lǐ　hān　de　chá
我 喝 **阿里山** 的 茶。　　私は**阿里山**のお茶を飲みます。

④

ニー　スー　ナー リー　レン
Nǐ　shì　nǎ lǐ　rén
你 是 **哪裡** 人？
あなたは**どこ**のご出身ですか。

/

ニー　スー　ナー グォーレン
Nǐ　shì　nǎ　guó rén
你 是 **哪國**人？
あなたは**どこの国**の出身ですか？

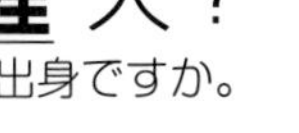

ウォー スー　タイベイレン
Wǒ　shì　Táiběi rén
我 是 **台北**人。
私は**台北**の出身です。

/

ウォー スー　タイワァンレン
Wǒ　shì　Táiwān rén
我 是 **台灣**人。
私は**台湾**出身です。

⑤

ナー リー　ダ　ニォウロゥミェン　ハォチー
Nǎ lǐ　de　niú ròu miàn　hǎo chī
哪裡 的 牛肉麵　好吃？
どこの牛肉麵が美味しいですか？

○○　ツァンティン ダ　（ニォウロゥミェン）　ハォチー
○○　cān tīng　de　(niú ròu miàn)　hǎo chī
○○餐廳 的（牛肉麵）好吃。
○○レストランの（牛肉麵）が美味しいです。

6 疑問詞「幾」と「多少」

CD9 2-

「幾（jǐ ／ジー）」や「多少（duō shǎo ／ドゥオサウ）」は、日本語の"いくつ"や"いくら"、"どれくらい"にあたる疑問詞です。

質問対象が"数字"や"数量"の場合に使います。

ただ、台湾華語（中国語）では、"可算"と"不可算"の区別はありません。

ちょっと応用～「幾」と「多少」の違い

「幾」と「多少」の意味に大きな違いはありません。

ただ、「幾」はより"具体的"な数字（数量）を求めるニュアンスが強いため、一般的にはやや小さい、あるいははっきりした数字（数量）に使います。

そのため「幾」の後ろには、量詞を伴う必要があります。

一方で、「多少」は日本語の「多少」に似たようなニュアンスで、どちらかというと概略的で漠然とした数量に使います。

そのため「多少」の後ろには、必ずしも量詞が必要とは限りません。

①

シェンヅァイジー ディェン
Xiàn zài jǐ diǎn
現在 **幾點**？

いま**何時**ですか？

シェンヅァイ（スー） ウーディェンサンスーフェン （ウーディェンバン）
Xiàn zài (shì) wǔ diǎn sān shí fēn (wǔ diǎn bàn)
現在（是）**5點30分**　**（5點半）**。

今**5時30分（5時半）**です。

②

ジンティエン ジー ユェ ジー ハォ シンチー ジー
Jīn tiān jǐ yuè jǐ hào xīng qí jǐ

今天 **幾月 幾號 星期幾**？

今日は**何月何日何曜日**ですか？

ジン ティエン（スー）
Jīn tiān (shì)

今天（是）

アーリンアーイーニェン ウーユェアースーバーリー シンチーウー
èr líng èr yī nián wǔ yuè èr shí bā rì xīng qí wǔ

2021年 5月28日 星期五。

今日は**2021年5月28日金曜日**です。

※日付と時間を聞くときに、「多少」を用いることはできません。

③

ドゥオサウチェン
Duō shǎo qián

多少錢？

いくら？

※価格を尋ねる時の定番の聞き方。

サンスーウー クァイ
Sān shí wǔ kuài

35 塊。

35元。

④

ニー　マイ　ジー ガ　スゥエジャウ
Nǐ　mǎi　jǐ　ge　shuǐ jiǎo
你 買 **幾個** 水餃？

何個水餃子を買いますか？

➡

ウォー マイ　サンスー　ガ
Wǒ　mǎi　sān shí　ge
我 買 **30**　**個**。

30個買います。

⑤

ニー　マイ　ドゥオ サウ（ガ）　スゥエジャウ
Nǐ　mǎi　duō shǎo (ge)　shuǐ jiǎo
你 買 **多少**（個）水餃？

どれくらい水餃子を買いますか？
※「個」は省略できます。

⑥

ニー　ダ　ソゥジー　ハォ マ　スー　ジーハォ
Nǐ　de　shǒu jī　hào mǎ　shì　jǐ hào
你 的 手機號碼 是 **幾號**？

あなたの携帯電話番号は何番ですか？

ウォー ダ　ソゥジー ハォマ　スー　012345678
Wǒ　de　shǒu jī　hào mǎ　shì　012345678
我 的 手機號碼 是 **012345678**。

私の携帯電話番号は012345678です。

⑦

タイワァン フォンリー イー　ガ　ドゥオサウ
Táiwān　fèng lí　yí　ge　duō shǎo
台灣鳳梨 一個 **多少**？

台湾のパイナップルは１個いくらですか？

イー ガ　スーバイウースーリー ユェン
Yí　ge　sì bǎi wǔ shí rì yuán
一個 **450**　**日元**。

１つ450日本円です。

⑧

ニー　ダ　ソゥジー ハォ マスー ジー　ドゥオサウ
Nǐ　de　shǒu jī hào mǎ　shì　duō shǎo
你 的 手機號碼 是 **多少**？

あなたの携帯電話番号は**何番**ですか？

ウォー ダ　ソゥジー ハォ マ　スー　012345678
Wǒ　de　shǒu jī hào mǎ　shì　012345678
我 的 手機號碼 是 **012345678**。

私の携帯電話番号は**012345678**です。

⑨

ニー　ジンティエン セェンマ　スーホウ　フェイジャー
Nǐ　jīn tiān　shén me shí hòu huí jiā
你 今天 **什麼時候** 回家？

あなたは今日**いつ頃**家に帰りますか？

⑩

ウォーメン セェンマ　スーホウ　チュィ
Wǒ men shén me shí hòu qù
我們 **什麼時候** 去？

私たちは**いつ（頃）**行きますか？

※はっきりとした日時は決まっておらず、ざっくりとした時間や予定を表現したいときに「**什麼時候**（shén me shí hòu ／セェンマスーホウ）／いつ・いつ頃」を用いて聞きます（p 103 ／ 04**3**参照）。

7 疑問詞「多～」「幾＋計量単位」

CD10 2-

6 (p 126) の疑問詞「幾」と「多少」の延長として、**「多 (duō ／ドゥオ) ＋形容詞」や「幾 (jǐ ／ジー) ＋計量単位」で数量を聞くこともできます。**

「多」は日本語の“どれくらい”、「幾」は日本語の“何～ ”にあたります。

※時量詞を含め、数量詞は基本的に動詞の後ろに置きます。動詞「有」は省略可能です。

①多大 ／大きさ(サイズや年齢、広さなど)はどれくらい

ニー ツゥアン ドゥオダー ダ イー フー
Nǐ chuān duó dà de yī fú
你穿 **多大** 的 衣服？

(サイズ) **大きさはどれくらい**の服を着ますか？

②多快／速さ(スピード)はどれくらい

タイワァンガウティエ (ヨゥ) ドゥオクァイ
Táiwān gāo tiě (yǒu) duó kuài
台灣高鐵 (有) **多快**？

台湾高鉄は**どれくらい速い**ですか？

③多長／長さはどれくらい

ヅァヅァン ヅォーヅ (ヨゥ) ドゥオツァン
Zhè zhāng zhuō zi (yǒu) duó cháng
這張 桌子 (有) **多長**？

このテーブルの**長さはどれくらい**ありますか？

④多寬／幅や広さがどれくらい

ヅァヅァン ヅォーヅ (ヨゥ) ドゥオクァン
Zhè zhāng zhuō zi (yǒu) duó kuān
這張 桌子 (有) **多寬**？

このテーブルの**幅はどれくらい**ありますか？

⑤多重／重さはどれくらい

ニー　ティーヅォン（ヨゥ）　ドゥオヅォン
Nǐ　tǐ zhòng　(yǒu)　duó zhòng
你 體重（有）**多重**？

体重はどれくらいありますか？

⑥多高／高度はどれくらい

ユィサン　（ヨゥ）　ドゥオガウ
Yù shān　(yǒu)　duó gāo
玉山（有）**多高**？

玉山（新高山）の**高さはどれくらい**ありますか？

⑦多久／時間の長さはどれくらい

ニー　チュィ　タイワァン　ドゥオジョウ
Nǐ　qù　Táiwān　duó jiǔ
你 去 台灣 **多久**？

どの程度の期間、台湾に行きますか？
※「台湾には何日くらい行かれるのですか」という意味。

⑧幾公分／何センチ

ニー　セェンガウ　（ヨゥ）　ジーゴンフェン
Nǐ　shēn gāo　(yǒu)　jǐ gōng fēn
你 身高（有）**幾公分**？

身長は**何センチ**ありますか？

⑨幾公斤／何キロ

ニー　ダ　シンリー　（ヨゥ）　ジーゴンジン
Nǐ　de　xíng lǐ　(yǒu)　jǐ gōng jīn
你 的 行李（有）**幾公斤**？

手荷物は**何キロ**ありますか？

⑩**幾個月／何ヶ月**

ニー　チュィ タイワァン ジー ガユェ
Nǐ　qù　Tǎiwān　jǐ　ge yuè
你 去 台灣 **幾個月**？

あなたは台湾に**何ヶ月**間行きますか？

⑪**幾天／何日**

ニー　シォウシー　ジーティェン
Nǐ　xiū　xí　jǐ　tiān
你 休息 **幾天**？

あなたは**何日間**休みますか？

⑫**幾小時／何時間**

ニー　ヅォー ティェン ゴンヅォー ジーガシャウスー
Nǐ　zuó tiān　gōng zuò　jǐ　ge xiǎo shí
你 昨天　工作 **幾個小時**？

昨日**何時間**働きましたか？

⑬**幾分鐘／何分間**

パォ ミェン パォ　ジーフェンヅォン
Pào miàn pào　jǐ fēn zhōng
泡麵 泡 **幾分鐘**？

カップラーメンは**何分間**待ちますか？

8 疑問詞「怎麼」

「怎麼（zěn me ／ヅェンマ）」は、人に**“方法・手段”**や**“感想・感覚・意見”などを尋ねるとき**に使う疑問詞です。

① 「怎麼＋動詞」／**方法や手段を聞く**
② 「怎麼＋樣」／**「感想・感覚・意見」を尋ねる**
③ 「怎麼＋事柄」／**「原因・理由」を聞く**

以上の３つの意味を持っています。

①「怎麼＋動詞」／方法や手段を聞く

日本語の“どうやって～”“どのようにする”にあたる疑問詞です。

ヅァ　ガ　ヅー　ヅェンマ　ニエン
Zhè ge zì zěn me niàn
① 這 個字 **怎麼** **念**？　　この字は何と読みますか？

シャウロンバゥ　ヅェンマ　チー
Xiǎo lóng bāo zěn me chī
② 小籠包 **怎麼** **吃**？　　ショウロンポウは**どうやって食べますか**？

ニー　ミンティェンヅェンマ　チュィ ガウシォン
Nǐ míng tiān zěn me qù Gāo xióng
③ 你 明天 **怎麼** **去** 高雄？
あなたは明日**どうやって**高雄へ**行きますか**？

ヨゥージュイ ヅェンマ　チュィ
Yóu jú zěn me qù
④ 郵局 **怎麼** **去**？　　郵便局は**どうやって行きますか**？

②「怎麼＋樣」／「感想・感覚・意見」を尋ねる

日本語の“どうですか”“いかがですか”にあたる疑問詞で、さらに次の２つの意味を持っています。

i）単純に“感想・感覚・意見”を尋ねる

ニー　ジンティェン　セェンティ　ヅェンマヤン
Nǐ　jīn tiān　shēn tǐ　zěn me yàng
① 你 今天 **身體** **怎麼樣**？
あなたは今日、**体の具合はいかがですか**？

タイワァン　シャーティェンティェンチー　ヅェンマヤン
Táiwān　xià tiān tiān qì　zěn me yàng
② 台灣 **夏天天氣** **怎麼樣**？
台湾の**夏の天気はどうですか**？

ヅァ　ジェン　イーフー　ヅェンマヤン
Zhè　jiàn　yī fú　zěn me yàng
③ 這 件 **衣服** **怎麼樣**？
この**服はどうですか**？

ii）“勧誘・提案・自分の意見の受け入れ”

ウォーメン　チー　シャウロンバゥ　ヅェンマヤン
Wǒmen　chī　xiǎo lóng bāo　zěn me yàng
① 我們 **吃** 小籠包 **怎麼樣**？
私たちはショウロンポウ**を食べてみませんか**？

ニーメン　ミンティェン　ライ　ヅェンマヤン
Nǐ men　míng tiān　lái　zěn me yàng
② 你們 明天 **來** **怎麼樣**？
あなたたちは明日**来てはいかがですか**？

ウォーメン　チュイ　フー　シャーウーチャ　ヅェンマヤン
Wǒ men　qù　hē　xià wǔ chá　zěn me yàng
③ 我們 **去** **喝** 下午茶 **怎麼樣**？
私たちはアフタヌーンティー**を食べに行きませんか**？

③「怎麼＋事柄」／「原因・理由」を聞く

日本語の"なんで""どうして"にあたる疑問詞です。

ニー　ヅェンマ　ブーチュィ
Nǐ zěn me bú qù
① 你 **怎麼** 不去？　あなたは**なんで**行かないの？

ニー　ヅェンマ　ブースゥオ
Nǐ zěn me bù shuō
② 你 **怎麼** 不說？　あなたは**どうして**言わないの？

9 疑問詞「為什麼」

「為什麼（wèi shén me ／ウェイセェンマ）」は日本語の“どうして”“何のために”にあたる疑問詞です。

相手に「原因・理由」を聞くときに使います。

p 135 ／ 02 8 の③の例文と同じ意味で使われています。

ニー　ヅェンマ　ブー　チュィ
Nǐ　zěn me　bú　qù
① 你 **怎麼** 不 去？
あなたは**なんで**行かないの？

ニー　ウェイ セェンマ　ブー チュィ
Nǐ　wèi shén me bú　qù
①-1 你 **為什麼** 不去？
あなたは**なんで**行かないの？

ニー　ヅェンマ　ブースゥオ
Nǐ　zěn me　bù shuō
② 你 **怎麼** 不說？
あなたは**どうして**言わないの？

ニー　ウェイ セェンマ　ブー スゥオ
Nǐ　wèi shén me bù　shuō
②-1 你 **為什麼** 不說？
あなたは**どうして**言わないの？

「為什麼」と「怎麼」は意味まったく同じですが、**「為什麼」は単純に原因・理由を尋ねるというニュアンス**が強く、**「怎麼」は“え！なんで”という驚きのニュアンス**が強いです。

両者は置き換えができます。

◎“怎麼”のもう一つの使い方

ニー　ヅェンマ　ラ
Nǐ　zěn me　le
③ 你 **怎麼** 了？
あなたは**どうしたの**ですか（何かあったのですか）？

たとえば病気やトラブルなど、相手に起きたことに強い驚きを表すときの言葉です。この場合の“怎麼”は“為什麼”と置き換えができません。

練習

次の文の下線部分に疑問詞を入れ替え、疑問詞疑問文を作りましょう。
(答えはｐ141)

ウォー チュィ タイベイ イーリンイーダーロウ
Wǒ qù Táiběi yī líng yī dà lóu
① 我 去 台北101大樓。
私は台北101ビルへ行きます。

ウォー チー ニォウロゥミェン
Wǒ chī niú ròu miàn
② 我 吃 牛肉麵。
私は牛肉麵を食べます。

ウォーメイ フー タイワァンウーロンチャー
Wǒmen hē Táiwān wū lóng chá
③ 我們 喝 台灣烏龍茶。
私たちは台湾ウーロン茶を飲みます。

ティェンヅォン シェンセン シャーガ ユェ チュィ タイベイ
Tián zhōng xiān shēng xià ge yuè qù Táiběi
④ 田中 先生 下個月 去 台北。
田中さんは来月台北へ行きます。

ター ダ センリー スー リォウユェサンリー
Tā de shēng rì shì liù yuè sān rì
⑤ 她 的 生日 是 6月3日。
彼女の誕生日は6月3日です。

ツェン ラォ スー ヅウ ドンジン
Chén lǎo shī zhù Dōng jīng
⑥ 陳 老師 住 東京。
陳先生は東京に住んでいます。

＊老師／先生、住／住む

03 反復疑問文「動詞や形容詞の“肯定+否定”」

「反復疑問文」は、日本語の“～をしますか、しませんか”あるいは“そうですか、そうでないですか”にあたる、疑問表現です。

ここで、重要なのは**〈動詞や形容詞の「肯定＋否定」〉**の文型になるというところです。

これまで学んだ「動詞文型」と「形容詞文型」をそれぞれ反復疑問文にすると次の２つの文型になります。

1．動詞文型の反復疑問文

「主語＋動詞の“肯定形＋否定形”＋目的語」

2．形容詞文型の反復疑問文

「主語＋形容詞の“肯定形＋否定形”」

反復疑問文は３章で学んだ、「～嗎？」疑問文と基本的に同じですが、**すでに疑問文ですので、改めて「嗎？」をつける必要がありません。**

返事のときも**「“是”or“不是”」や「“吃”or“不吃”」などといった、“Yes or No”の答えで返事します。**

また、反復疑問文は「嗎?」疑問文と互いに置き換えができますが、**反復疑問文の方がより相手に「確認する」というニュアンスが強く**、全体として**「～嗎?」疑問文より形式にこだわらず、口語的な雰囲気**があります。

ちょっと応用

反復疑問文の動詞や形容詞が２文字以上の場合、肯定形の第２文字以後は普通省略されます。

シーホァン ブーシーホァン
xǐ huān bù xǐ huān
喜歡不喜歡

シー ブーシーホァン
xǐ bù xǐ huān
喜不喜歡

（直訳）好きですか、好きではありませんか？
＊喜歡（ xǐ huān ／シーホァン）／ 好き

レンスー ブーレン スー
rèn shì bú rèn shì
認識不認識

レン ブーレン スー
rèn bú rèn shì
認不認識

お知り合いですか？
＊認識（rèn shì ／レンスー）／知り合う

ハォチー ブー ハォ チー
hǎo chī bù hǎo chī
好吃不好吃

ハォ ブー ハォ チー
hǎo bù hǎo chī
好不好吃

美味しいですか？
＊好吃（hǎo chī ／ハォチー）／ 美味しい

ピャウリャン ブーピャウリャン
piào liàng bú piào liàng
漂亮不漂亮

ピャウ ブーピャウリャン
piào bú piào liàng
漂不漂亮

きれいですか？
＊漂亮（piào liàng ／ピャウリャン）／きれい

1 動詞反復疑問文

CD13 2-

ニー　スー　ブー スー　リーベンレン
Nǐ　shì　bú shì　rì běn rén

① 你 **是 不是** 日本人？

あなたは日本人**ですか、そうでないですか**？

ニー　チー　ブー チー　フォンリースゥ
Nǐ　chī　bù chī　fèng lí sū

② 你 **吃 不吃** 鳳梨酥？

あなたはパイナップルケーキを**食べますか、食べませんか**？

ニー　チュィ　ブーチュィ
Nǐ　qù　bú qù

③ 你 **去 不去**？

あなたは**行きますか、行きませんか**？

※質問の対象が互いにわかっている場合は目的語は省略できます。

ニー　シー　（ホァン）　ブー　シーホァン　バンチォウ
Nǐ　xǐ　(hūan)　bù　xǐ huān　bàng qiú

④ 你 **喜（歡）不喜歡** 棒球？

あなたは野球が**好きですか、好きではないですか**？

2 形容詞反復疑問文

CD14 2-

タイベイ　ジンティェン レー　ブー レー
Táiběi　jīn tiān　rè　bú rè

① 台北 今天 **熱 不熱**？

台北は今日は**暑いですか、暑くないですか**？

タイワァンピー ジォウハォ　（フー）　ブーハォフー
Táiwān pí jiǔ hǎo　(hē)　bù hǎo hē

② 台灣啤酒 **好（喝）不好喝**？

台湾ビールは**美味しいですか、美味しくないですか**？

p 137　練習答え

ニー　チュィナー　リー
Nǐ　qù　nǎ　lǐ
① 你 去 哪裡?　あなたはどこへ行きますか?

ニー　チー　セェン マ
Nǐ　chī　shén me
② 你 吃 什麼 ?　あなたは何を食べますか?

セイ　フー　タイワァンウーロンチャー
Shéi hē　Táiwān wū lóng chá
③ 誰 喝 台灣烏龍茶 ?　誰が台湾ウーロン茶を飲みますか?

ティェンヅォン シェンセン　セェンマ　スーホウ　チュィ タイベイ
Tián zhōng xiān shēng shén me shí hòu qù　Táiběi
④ 田中　先生　什麼時候 去 台北 ?
田中さんはいつ台北へ行きますか?

ター　ダ　センリー　スー　ジー ユエ ジー リー
Tā　de　shēng rì　shì　jǐ　yuè jǐ　rì
⑤ 她 的 生日 是 幾月幾日 ?
彼女の誕生日は何月何日ですか?

ツェン　ラォ スー　ヅウ　ナーリー
Chén　lǎo shī　zhù　nǎ lǐ
⑥ 陳　老師 住 哪裡 ?　陳先生はどこに住んでますか?

04 選択疑問文「A還是B」

選択疑問文は日本語の“それとも”にあたる、**質問相手に選択肢を与える疑問表現**です。

文型は「A 還是 B」で、**「還是（hái shì ／ハイスー）」**は、**疑問文に限らず２つのものや事柄などを選択するときにも使います。**

文型中の「A」と「B」は単語やフレーズ、文など互いに対応するものであれば入れられます。

1 目的語に対する選択疑問文

CD15 2– 

ニー　フー　カーフェイ　ハイスー　（フー）　タイワァンチャー
Nǐ　hē　kā fēi　hái shì　(hē)　táiwān chá

① 你 喝 咖啡 **還是**（喝）台灣茶？

あなたコーヒーを飲みますか、**それとも**台湾茶を飲みますか？

※動詞が同じの場合、2番目の動詞は省略できます。

ニー　チー　シャゥロンバウ　ハイ スー　ルーロゥファン
Nǐ　chī　xiǎo lóng bāo hái shì　lǔ ròu fàn

② 你 吃 小籠包 **還是** 滷肉飯？

あなたはショウロンポウ、**それとも**ルーロゥファンを食べますか？

2 主語に対する選択疑問文（買物する時によくある会話）

CD16 2–

ニー　チュィ ハイ スー　ウォー チュィ
Nǐ　qù　hái shì　wǒ　qù

① 你 去 **還是** 我 去？

あなたが行きますか、**それとも**私が行きますか？

①の原型文型

ニー　チュィ（マイドンシー）　ハイスー　ウォー チュィ
Nǐ　qù　(mǎi dōng xi)　hái shì　wǒ　qù

你 去（買東西）**還是** 我 去？

あなたが（買物に）行きますか、**それとも**私が行きますか？

3 2つの事柄に対する選択疑問文

CD17 2–

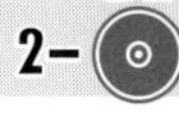

ニー　カン　ディェンスー ハイ スー　サンワン
Nǐ　kàn　diàn shì　hái shì　shàng wǎng

① 你 看 電視 **還是** 上網？

あなたはテレビを見ますか、**それとも**インターネットをしますか。

※この場合、選択疑問する事柄の動詞がそれぞれ違いますので、省略できません。

◎疑問詞疑問文のところで学んだ「哪（nǎ ／どの～、どれ）」疑問文（p 122）もある意味選択疑問文です。

ニー　フー　ナー ベイ　カー フェイ
Nǐ　hē　nǎ bēi　kā fēi

② 你 喝 **哪杯** 咖啡？　（あなたは**どちらの**珈琲を飲みますか？）

ニー　マイ　ナー ガ
Nǐ　mǎi　nǎ ge

③ 你 買 **哪個**？　（あなたは**どれを**買いますか？）

ちょっと応用
～文法解説「～嗎？」疑問文と「反復疑問文」、「選択疑問文」の関係

質問相手と対象が同一の場合に限り、「還是」と「還是」前、後の文の「同じところ」が省略できます。

また、３つの文は互いに置き換えが可能です。

ニー　フー　カフェイ　ハイ スー　ブー フー　カフェイ
Nǐ　hē　kā fēi　hái shì　bù hē　kā fēi
你 **喝** 咖啡 **還是** **不喝** 咖啡？
あなたはコーヒーを**飲みますか**、**それとも**コーヒーを**飲みませんか**？

→還是を省略すると「選択疑問文」に

ニー　フー　カフェイ　ブー フー　カフェイ
Nǐ　hē　kā fēi　bù hē　kā fēi
你 **喝** 咖啡 **不喝** 咖啡？
あなたはコーヒーを**飲みますか**、コーヒーを**飲みませんか**？

→前後のどちらかの咖啡を省略すると「反復疑問文」に

ニー　フー　ブー フー　カフェイ
Nǐ　hē　bù hē　kā fēi
你 **喝** **不喝** 咖啡？

ニー　フー　カフェイ　ブー フー
Nǐ　hē　kā fēi　bù hē
or 你 **喝** 咖啡 **不喝**？
あなたはコーヒーを**飲みますか**、**飲みませんか**？

→“～嗎？”疑問文に置き換えると

ニー　フー　カフェイ　マ
Nǐ　hē　kā fēi　ma
你 喝 咖啡 **嗎**？

あなたはコーヒーを**飲みますか**？

日常生活での会話場面において、左ページの文型のどれを使うのかは、人によってさまざまです。

会話内容とそのときの雰囲気にもより、単純に質問する場合は「～嗎？」の文で聞き、相手に確認するニュアンスを込めたい場合は「反復疑問文」で、また質問の事柄を強調したい場合は「選択疑問文」で質問することがよくあります。

ただ、前述の通り、選択疑問で聞く事柄の主語か動詞が、それぞれ違う場合はこのように使えません。

6章

台湾華語
基本文型の活用Ⅱ

ここまで来るとある程度の表現能力が身についているはずです。6章ではさらに表現力を広げ、より豊かな会話表現の方法を学びましょう。
これまで学んできたベースにいろいろな表現を加えることで、より多様な表現ができ、いろいろな会話が楽しめるようになっていきます。

01 お願いや依頼、勧誘、推測、軽い質問などに関する表現

1 「請」(どうぞ。どうぞ～してください)

CD18 2- 

「請(Qǐng/チン)」は日本語の"どうぞ～してください"や"～で/へ どうぞ"にあたり、**相手に何かを許可や依頼するとき**に使います。

一般的に文頭に置きます。

①相手に許可を与えるとき

(入室許可)

チンジン
Qǐng jìn
① **請**進。 どうぞお入りください(お上がりください)。

※英語のcome inです。

(発言許可)

チンスゥオ
Qǐng shuō
② **請**説。 どうぞ、言ってください(お話しください)。

(着席許可や席を譲るとき)

チンヅゥオ
Qǐng zuò
③ **請**坐。 どうぞ、おかけください。

②依頼やお願いするとき

チンウン
Qǐng wèn
① **請**問。　お伺いします。お聞き**したい**のですが……。
（直訳：聞かせてください）

ドゥエブーチー　チンウン、　スーダー　ヅェンマ　チュィ
Duì bù qǐ　qǐng wèn,　shī dà　zěn me　qù
② 對不起 **請**問，師大 怎麼 去？
すみません。お伺い**したい**のですが、
台湾師範大学はどうやって行きますか。
＊對不起 ／すみません、ごめんなさい

※台湾華語（中国語）には日本語の“すみません”と“ごめんなさい”のような、使い分けがありません。
人にお願いするときも、謝るときも“對不起”と言います。

チン　バンマン　イーシャー
Qǐng bāng máng yí xià
③ **請** 幫忙 一下。　ちょっと手伝って**ください**。
＊幫忙 ／手伝う、お手伝い

③相手を招待するとき（招く、おごる）

チン　フー　チャー
Qǐng hē　chá
① **請** 喝 茶。　お茶を**どうぞ**。

（ウォー）　チン　ニー　カン　ディェンイン
(Wǒ)　Qǐng nǐ　kàn　diàn yǐng
② （我）**請** 你 看 電影。
（私は）あなたを映画に**招待します**。

練習

CD19 2-

下線の部分（場所）を入れ替えて練習しましょう。

ドゥエブーチー チンウン、 スーダー ヅェンマ チュィ
Duì bù qǐ qǐng wèn, shī dà zěn me qù

對不起 請問, <u>師大</u> 怎麼 去？

ジェーユィンヅァン jié yùn zhàn 捷運站 MRTの駅	タイベイイーリンイーダーロゥ Táiběi yī líng yī dà lóu 台北101大樓 台北101ビル	スーリン イェースー Shì líng yè shì 士林夜市 士林夜市
○○ファンディェン ○○fàn diàn ○○飯店 ○○ホテル	ベイトウ ウンチュェン Běi tóu wēn quán 北投溫泉 北投温泉	

2 「～吧」(～でしょう、～ましょう)

「～吧（ba ／バ）」は日本語の“～でしょう”“～ましょう”にあたり、**推測や勧誘・提案するとき**に使います。

文末につけ、推測したり軽く聞きたいときに、「～嗎？」疑問詞の代わりに使うこともできます。

①推測(～でしょう)

ニー スー リーベン レン バ
Nǐ shì rì běn rén ba

① 你 是 **日本人** **<u>吧</u>**？　　あなたは**日本人<u>でしょう</u>**。

ヅァ スー ニー ダ バ
Zhè shì nǐ de ba

② 這 是 **你 的** **<u>吧</u>**？　　これは**あなたの<u>でしょう</u>**。

ナー ガ　ソゥジー　ヘン グェイ　バ
Nà ge　shǒu jī　hěn guì　ba
③ 那個 手機 很 **貴** **吧**？　あの携帯電話は**高いでしょうか**？

②勧誘や提案（～ましょう）

ウォーメン　ヅォ　バ
Wǒmen　zǒu　ba
① 我們 **走** **吧**。　さあ！（私たちは）**行きましょう**。

※英語の"Let's go"です。

シンチーティェン ウォーメン チュィ ジォウフェン　バ
Xīng qí tiān　wǒmen　qù　Jiǔ　fèn　ba
② 星期天 我們 **去** 九份 **吧**。

日曜日に私たちは九份に**行きましょう**。

ダージャー　イー　チー　ヌー リー　バ
Dà jiā　yì　qǐ　nǔ　lì　ba
③ 大家 一起 **努力** **吧**。　みんな一緒に**頑張りましょう**。

6章

台湾華語　基本文型の活用Ⅱ

ちょっと応用～「～吧！」「好嗎？」「怎麼樣？」

人に勧誘や提案する時に「～吧！」（p 150）の代わりに**「好嗎？（hǎo ma ／ハォマ）／よろしいですか」**や**「怎麼樣？」**（p 134）で**質問することもできます。**

この場合、「～吧！」と同じく、文末に置きます。

「好嗎？」は日本語の“いいですか、よろしいですか”にあたり、反復疑問は**「好不好（hǎo bù hǎo ／ハォブーハォ）／～いいですか、どうですか」**となります。

「～吧！」「好嗎／好不好」「怎麼樣」はそれぞれ、

・～吧！／“相手に自分の主張や意見を強く出したい（してほしい）” ・好嗎／好不好／“相手にお願いしたい、許可をもらいたい” ・怎麼樣／“相手の主張や意見ともに聞きたい”

と多少ニュアンスの違いがあります。

「～吧！」の例文（p 151②-②）を「好嗎？」、「好不好」に置き換えると次の文になります。

シンチーティェン ウォーメン チュィ ジォウフェン ハォ マ
Xīng qí tiān wǒmen qù Jiǔ fèn hǎo ma
星期天 我們 **去** 九份 **好嗎**？
日曜日に私たちは九份に**行ってもいいですか**？

シンチーティェン ウォーメン チュィ ジォウフェン ハォ ブーハォ
Xīng qí tiān wǒmen qù Jiǔ fèn hǎo bù hǎo
星期天 我們 **去** 九份 **好 不好**？
日曜日、私たちは九份**行ってもいいですか、どうですか**？

3 「～呢？」(～は？)

CD21 2-

「～呢？（ne ／ナ）」は、日本語の“～は？”にあたる省略・簡略疑問詞です。

お互いが“質問の対象や会話内容ともに理解している前提”で、話を繰り返さずに相手に質問するときに使います。

文末に置きます。

①

ハォジォウブージエン、 ニーハォ マ
Hǎo jiǔ bú jiàn, nǐ hǎo ma

A：好久不見, 你好 嗎？

お久しぶりですね。元気ですか？

ウォー ヘン ハォ、 ニーナ
Wǒ hěn hǎo nǐ ne

B：我 很 好, **你呢**？ 私は元気です。**あなたは**？

ウォー イエー ヘン ハォ、 シエシエ
Wǒ yě hěn hǎo xiè xie

A：我 也 很 好。謝謝。

私も元気です。ありがとう。

※以上の会話フレーズを覚えましょう。久しぶりに会ったときによく使います。

また次の使い方もあります。

マーマ ナ
Māma ne

② **媽媽 呢**？ **お母さんは**？

※「呢?」を用いての質問では、「～嗎？」と併用や代用することはできません。

6章 台湾華語 基本文型の活用Ⅱ

02 副詞「也」と「都」

1 「也」(も)

CD22 2– 

「也（yě ／イェー）」 は日本語の“も”にあたる副詞です。

ある文脈の中で前後関係の２つの事柄が、同じであることを示すときに使います。

台湾華語（中国語）の「也」は、必ず動詞や形容詞の前に置きます。

①

ウォー スー ゴンスーヅーユェン、
Wǒ shì gōng sī zhí yuán,
A：我 是 公司職員。

ニー イェー スー ゴンスー ヅーユェン マ
nǐ yě shì gōng sī zhí yuán ma
你 **也** 是 公司職員 嗎？

私は会社員です。
あなた**も**会社員ですか。

スー、 ウォー イェー スー ゴンスーヅーユェン
Shì, Wǒ yě shì gōng sī zhí yuán
B：是, 我 **也** 是 公司職員。

はい、私**も**会社員です。

②

タイベイ　ジンティェン　ヘン　レェー、
Táiběi jīn tiān hěn rè,
A：台北 今天 很 熱。

ドンジン　ジンティエン　イェー　ヘンレェー　マ
Dōng jīng jīn tiān yě hěn rè ma
東京 今天 **也** 很熱 嗎？

台北は今日は暑いです。
東京**も**暑いですか？

ブー、　ドンジン　ジンティェン　ブーレェー
Bù, Dōng jīng jīn tiān bú rè
B：不，東京 今天 不熱。

いいえ、東京は今日は暑くありません。

③

ウォー　チー　ルー　ロゥファン、　ニーナ
Wǒ chī lǔ ròu fàn, nǐ ne
A：我 吃 滷肉飯。你呢？

私はルーローファンを食べます。あなたは？

ウォー　イェー　チー　ルーロゥファン
Wǒ yě chī lǔ ròu fàn
B：我 **也** 吃 滷肉飯。

私**も**ルーローファンを食べます。

2 「都」(みんな、すべて、ともに)

「都(dōu/ドォウ)」は日本語の“みんな”、“すべて”にあたる副詞です。

ある文脈の中で主語としての事柄が、すべて同じであることを示すときに使います。

「也」と同様に動詞の前に置きます。

「都」の文型は、

①完全肯定の場合
「“**都**”+動詞」
②完全否定の場合
「“**都不**”+動詞」
③部分否定の場合
「“**不都**”+動詞」

になります。

①完全肯定「都＋動詞」

ウォーメン ドォウ スー ゴンスーヅーユェン
Wǒmen dōu shì gōng sī zhí yuán
我們 **都** **是** 公司職員。 私たちは**全員**会社員**です**。

②完全否定「都不＋動詞」

ターメン ドォウ ブー スー リーベンレン
Tāmen dōu bú shì rì běn rén
他們 **都** **不是** 日本人。 彼らは**全員**日本人**ではありません**。

③部分否定「不都＋動詞」

ウォーメン ブードォウ シーファン カァン ディェンスー
Wǒmen bù dōu xǐ hūan kàn diàn shì
我們 **不都** 喜歡 **看** 電視。
私たちは**全員**テレビを**見るのが**好き**とは限りません**。

※「都」は“みんな”、“ともに”の意味ですので、「都」が使える場合は主語が複数のときに限ります。

3 「也」と「都」を同時に使う

日本語の“～もみんな～”のように、中国語も「也」と「都」を一つの文に同時に使うことができます。

併用するときは「～也＋都～」の語順になります。

ウォーメン イェードォウ チュィスーリン イェースー
Wǒmen yě dōu qù Shì lín yè shì
我們 **也都** **去** 士林夜市。
私たちも**みんな**士林夜市へ**行きます**。

03 さまざまな動詞の形・態

1 動詞の完了形「了」(〜った、〜た)

CD24 2–
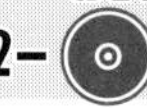

台湾華語（中国語）の動詞には過去形がありません。

過去の時間に完了・実現した動作や行為に対して、“文末”または“動詞の後ろ”に**「了（le ／ラ）／〜ました」をつけ、動作・行為が完了（実現）したことを表します。**

「(文）〜了」**や**「一般動詞＋了」の文型になります。

「了」をつけるところが“文末”なのか、“動詞の後ろ”なのかは、文中に数量詞があるかないかによって決まります。

①平叙文

i）数量詞を伴わない文は「文末に“了”」

ウォーチー　ヅァウファン
Wǒ　chī　zǎo fàn
我 吃 早飯。

私は朝食を食べます。

ウォーチー　ヅァウファン　ラ
Wǒ　chī　zǎo fàn　le
我 **吃** 早飯 **了**。

私は朝食を**食べ**ました。

ii）数量詞を伴う文は「動詞の後ろに“了”」

①

ウォージンティェン ヴァウサン フー カーフェイ ラ
Wǒ jīn tiān zǎo shang hē kā fēi le
我 今天 早上 **喝** 咖啡 **了**。

私は今朝コーヒーを**飲み**ました。

ウォー ジン ティェン ヴァウサン フー ラ リャンベイ カーフェイ
Wǒ jīn tiān zǎo shang hē le liǎng bēi kā fēi
我 今天 早上 **喝** **了** 2杯 咖啡。

私は今朝2杯のコーヒーを**飲み**ました。

②

ターメン ヅゥオティェン カン ラ リャンシャウスー ディェンスー
Tāmen zuó tiān kàn le liǎng xiǎo shí diàn shì
他們 昨天 **看** **了** 2 小時 電視。

彼らは昨日テレビを2時間**見**ました。

②否定文

否定文は、動作・行為の“未発生”や“未完了”という意味で動詞の前に「沒」をつけ、“文末”や“動詞の後ろ”に「了」はつけません。

3章（p 76）で一般動詞を学んだ時に、「中国語の一般動詞の否定形は、“不”を使う場合と“沒”を使う場合があります。そして、“不去”と“沒去”ではそれぞれ使い方が違います」と説明しました。

「沒」は日本語の“～していない”、“～しなかった”、あるいは“～がない”にあたる否定詞（副詞）です。

動作・行為の完了、または物事の存在や状態を否定するときに使います。

ウォーメイ　チー　ヅァウファン
Wǒ méi chī zǎo fàn
我 **沒** 吃 早飯。

私は朝食を食べ**なかった**。／食べて**いない**。

ちょっと応用～「不」と「沒」の比較

我不吃早飯。

私は朝食を食べません。

(習慣的に食べないか、意識的に食べるつもりがない)

我沒吃早飯。

私は朝食を食べなかった。／食べていない。

(客観的事実として)

③疑問文

これまで学んだ疑問文の構文要領でそれぞれ「～嗎?」疑問文と疑問詞疑問文、反復疑問文を見てみましょう。

i）「～嗎?」疑問文の場合（文末に“嗎?”）

ニー　チー　ヅァウファン　ラ　マ
Nǐ　chī　zǎo fàn　le　ma
你 **吃** 早飯 **了** **嗎**？

あなたは朝食を**食べましたか**？

ii）疑問詞疑問文の場合（質問する部分に対応した疑問詞を入れる）

ターメンヅゥオティエン　カァン ラ　ジーシャウスー　ディエンスー
Tāmen zuó tiān　kàn　le　jǐ xiǎo shí　diàn shì
他們 昨天 **看** **了** **幾小時** 電視？

彼らは昨日**何時間**テレビを**見ましたか**？

iii）反復疑問文の場合（“有沒有”で質問）

動詞完了形の反復疑問文は、相手に確認するニュアンスが込められているときに、「**有沒有＋一般動詞**」を用いて質問します。
“了”はつけません。

ニー　ヨォ メイ ヨゥーチー　ヅァウファン
Nǐ　yǒu méi yǒu　chī　zǎo fàn
你 **有沒有** **吃** 早飯?

ニー　ヨゥーチー　ヅァウファン メイ　ヨゥー
Nǐ　yǒu　chī　zǎo fàn　méi yǒu
／你 **有** **吃** 早飯 **沒有**?

朝食は**食べませんでしたか**？

6章
台湾華語　基本文型の活用Ⅱ

2 現在進行形「在」と「正在」(~している、ちょうど~してるところ) 2–

「在（zài ／ヅァイ）」と「正在（zhèng zài ／ヅェンヅァイ）」は、日本語の“～している”“ちょうど～しているところ”にあたり、**現在進行形を表します。**

一般動詞の前に「在」や「正在」をつけ、**動詞部分は**「在／正在＋一般動詞」の文型になります。

①平叙文

①

ガーガ　ダー　ワンチォウ
Gē ge　dǎ　wǎng qiú
哥哥 打 網球。　　兄さんはテニスをします。

ガーガ　ヅァイ ダー　ワンチォウ
Gē ge　zài　dǎ　wǎng qiú
哥哥 **在** 打 **網球**。

ガーガ　ヅェンヅァイ ダー　ワンチォウ
Gē ge　zhèng zài dǎ　wǎng qiú
／哥哥 **正在** 打 **網球**。

兄さんは**テニスをしています**。／兄さんは**テニスをしているところです**。

②

ター　ズゥオティエン ライ　ダ　スー ホウ　ウォー ヅェンヅァイダー　ディェンホアー
Tā　zuó tiān　lái　de　shí hòu　wǒ　zhèng zài dǎ　diàn huà
他 昨天 來 的 時候 我 **正在 打 電話**。

彼が昨日来たとき私は**ちょうど電話をしていました**。(過去進行形)

※「正在」のほうが、“ちょうど～しているところ”のニュアンスが、やや強いです。

②否定文

否定文は「沒」を「在」の前につけ、「沒在＋一般動詞」の文型になります。「正在」の場合も「沒在＋一般動詞」です。

p 160で説明したように、「現在進行の状態」を否定するので、「不」が使えず「沒」になります。注意しましょう。

①

マーマ　ヴェンヅァイシォウシー
Māma　zhèngzài xiū xí
媽媽 **正在** **休息。**　　母は**ちょうど休んでいるところです。**

マーマ　メイヅァイ　シォウシー
Māma　méi zài　xiū xí
媽媽 **沒在** **休息。**　　母は**休んでいません。**

②

マゥミー　メイヅァイ　スゥェイジャウ
Māo mī　méi zài　shuì jiào
貓咪 **沒在** **睡覺。**　　猫ちゃんは**寝ていません。**

③疑問文

これまで疑問文の構文要領で、それぞれ「～**嗎?**」疑問文と疑問詞疑問文を見てみましょう。

①

ニー　ヴァイ チー　ワンファン マ
Nǐ　zài　chī　wǎn fàn　ma
A：你 **在** **吃** 晚飯 嗎？ あなたは晩ご飯を**食べていますか**？

ウォーメイ　ヴァイ チー　ワン ファン
Wǒ　méi　zài　chī　wǎn fàn
B：我 **沒** **在** **吃** 晚飯。 私は晩ご飯を**食べていません**。

②

ニー　ヴァイ ヅゥオ セエンマ
Nǐ　zài　zuò　shén me
A：你 **在** **做** **什麼**？ あなたは**何をしていますか**？

ウォーヴァイ シュエシー　タイワァンファーユィ
Wǒ　zài　xué xí　Táiwān huá yǔ
B：我 **在** **學習** 台灣華語。

私は台湾華語を**勉強しています**。

＊做／～する、～やる

※英語の"do"

③

ニー　ヴァイ カァン セエンマ　ディェンスー ジェームー
Nǐ　zài　kàn　shén me diàn shì　jié mù
A：你 **在** **看** 什麼 電視 節目？

あなたは何のテレビ番組を**見ていますか**？

ウォー ヴァイ カァン タイワァン ダ　ディェンスー リェンシュィジュイ
Wǒ　zài　kàn　Táiwān　de　diàn shì　lián xù jù
B：我 **在** **看** 台灣 的 電視 連續劇。

私は台湾の連続ドラマを**見ています**。

＊節目／番組

＊連續劇／連続ドラマ

3 持続態「著」(〜ている／〜てある／〜したまま)

CD26 2-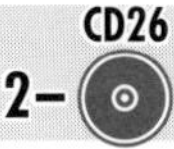

動詞の持続態**「〜著（zhe ／ヅァ）」**は、日本語の“〜ている／〜てある”や“〜したまま”“〜の状態”などにあたり、**一定の動作や状態がある期間で持続、維持していることを表します。**

「著」は一般動詞の後ろに置き、動詞部分は**「一般動詞＋着」**の文型になります。

持続態の「著」は普通話の場合「着」という漢字を使いますが、台湾華語では「著」と「着」の区別がありません。台湾華語では、一般的に「著」を使います。

①平叙文

イー グェイ リー　グァーヅァ　イーフー
Yī guì lǐ guà zhe yī fú

① 衣櫃 裡 **掛 著** 衣服。

クロゼットの中に服が**掛かっています**。

チャン サン　ティェ ヅァ　ガウ スー　ハイバウ
Qiáng shàng tiē zhe gào shì hǎi bào

② 牆上 **貼 著** 告示 海報。

壁面に告示のポスターが**貼ってあります**。

ラゥ ス　ヴァンヅァ、　シュエセン　ヅゥオ ヅァ
Lǎo shī zhàn zhe, xué shēng zuò zhe

③ 老師 **站 著**、學生 **坐 著**。

先生が**立っている**（状態）。学生が**座っている**（状態）。

※「〜の状態で〜をする」「〜のままで〜をする」では、動詞部分の文型は「動詞＋著＋動詞」です。

ウォーメン ヅゥオ ヅァ　スゥオ バ
Wǒmen zuò zhe shuō ba

④ 我們 **坐 著 說 吧**。

私たちは**座って話しましょう**。

②疑問文

疑問文の場合も、これまでの疑問文構文の要領で、「～**嗎?**」疑問文と疑問詞疑問文を作りましょう。

①

ニー　イー ヅーヅァン ヅァ　マ
Nǐ　yì　zhí zhàn zhe　ma

A：你 一直**站 著 嗎**？

あなたはずっと**立ちっぱなしですか**？

ブー、　ウォー ヅゥオ ヅァ
Bù,　Wǒ　zuò　zhe

B：不、我 **坐 著**。

いいえ、**座っています**よ。

②

ヅゥオサン　ファン ヅァ　セェンマ
Zhuō shàng fàng zhe　shén me

A：桌上　**放 著 什麼**？

テーブルの上に何が**置いてありますか**？

ヅゥオサン　ファン ヅァ　イー　ベイ　カーフェイ
Zhuō shàng fàng zhe　yì　bēi　kā fēi

B：桌上　**放 著** 一杯 咖啡。

テーブルの上に1杯のコーヒーが**置いてあります**。

③

ナー ガ　ツゥァンヅァ ホンサー　イー フー　ダ　レン　スー　セイ
Nà ge　chuān zhe hóng sè　yī fú　de　rén　shì　shéi
那個 **穿著** 紅色 衣服 的 人 是 **誰**？

あの赤い服を**着ている**人は**誰ですか**？

＊穿著／〜を着ている。（〜着たままの状態）

「著」がつけられる動詞は、動作・行動が持続可能の動詞に限ります。

日常生活でよく使う、動詞の持続態を見てみましょう。

カイヅァ kāi zhe 〜開著/開著〜 〜開いたまま、 〜つけたまま	グァンヅァ guān zhe 〜關著/關著〜 〜閉まったまま、 〜消したまま
チンナーヅァ Qǐng ná zhe 請拿著。 持ったままにしてください。	ヅァンヅァチー Zhàn zhe chī 站著吃。 立った状態で食べます（立ち喰い）。
チンヅゥオヅァ Qǐng zuò zhe 請坐著。 座った状態（まま）にしてください。	ヅゥオヅァスゥオ Zuò zhe shuō 坐著說。 座った状態で話す（座ったまま話す）。

＊拿（動詞）／持つ、取る

＊站（動詞）／立つ

ちょっと応用

否定の場合は“沒”を使い「**沒＋一般動詞＋著**」になりますが、台湾華語では一般的に否定表現を言いません。

4 過去の経験を示す「～過」(～したことがある) CD27 2-

「過（guò ／グォー）」は、日本語の“～したことがある”にあたり、過去の経験を表します。

動詞部分は「一般動詞＋過」の文型になります。

過去に何回かしたことがあるなど、経験の回数（動量詞）を入れるとき、回数（動量詞）は「動詞＋過」の後ろに置きます。

しかし、目的語が代名詞の場合、代名詞（目的語）の後ろに置きます。

①平叙文

①

ウォー チー グォー イー ツー シャウロンバウ
Wǒ chī guò yí cì xiǎo lóng bāo
我 **吃** **過** 一次 小籠包。

私は一度ショウロンポウを**食べたことがあります**。

また台湾では、一般動詞の前に“有”をつけて「有＋一般動詞＋過」で表現することもあります。

②

ウォー ヨゥー チー グォー ルー ロゥーファン
Wǒ yǒu chī guò lǔ ròu fàn
我 有 **吃** **過** 滷肉飯。

私はルーローハンを**食べたことがあります**。

②否定文

否定文は「沒」を「一般動詞」の前につけ、「沒＋一般動詞＋過」の文型になります。

「状態」の否定ですので、「不」が使えないのに注意しましょう。

リー シェンセン メイ チュイ グォー ベイハイダウ
Lǐ xiān shēng méi qù guò Běi hǎi dào
李先生 **沒 去** 過 北海道。
リーさんは北海道へ**行ったことがありません。**

③疑問文

疑問文の場合、台湾華語では一般動詞の前に“有”をつける質問方式と、つけない方式があります。どちらでも大丈夫です。

i）「～嗎?」疑問文

ニー チュイ グォー タイワァン マ
Nǐ qù guò Táiwān ma
A：你**去 過** 台灣 **嗎**？
あなたは台湾に**行ったことがありますか**？

チュイ グォー メイ チュイ グォー
Qù guò Méi qù guò
B：**去 過**。／**沒 去 過**。
行ったことがあります。／**行ったことがありません**。

ii）疑問詞疑問文

①

ニー　チュィグォー　タイワァン　ナー リー
Nǐ qù guò Táiwān nǎ lǐ
A：你 **去** **過** 台灣 **哪裡**？
あなたは台湾の**どこへ行ったことがありますか**？

ウォー チュィグォー タイナン
Wǒ qù guò Táinán
B：我 **去** **過** 台南。　私は台南に**行ったことがあります**。

②

ニー　チュィグォー　ジーツー
Nǐ qù guò jǐ cì
A：你 **去** **過** **幾次**？　あなたは**何回行ったことがありますか**？

ウォー チュィグォー ハォ　ジー ツー
Wǒ qù guò hǎo jǐ cì
B：我 **去** **過** 好 幾次。　私は何度も**行ったことがあります**。

練習

次の文の下線部を置き換えてみましょう。

ニー　チュィ　グォ　タイワァン　マ
Nǐ　qù　guò　Táiwān　ma

Q：你 去 過 台灣嗎？

ウォー　チュィ　グォ
Wǒ　qù　guò

A：我 去 過。

ウォー　メイ　チュィ　グォ
Wǒ　méi　qù　guò

我 沒 去 過。

①故宮博物院（Gù gōng bó wù yuan/グーゴンボーウーユェン）
②九份（Jiǔ fèn ／ジォウフェン）
③北投溫泉（Běi tóu wēn quán ／ベイトゥーウンチュエン）
④貓空（Māo kōng ／マゥーコン）
⑤日月潭（Rì yuè tán ／リーユェータン）
⑥阿里山（Ā lǐ shān ／アーリーサン）
⑦台南（Táinán ／タイナン）
⑧高雄（Gāo xióng ／カウシォン）

iii）反復疑問文

反復疑問文の場合、台湾では一般に「**有沒有**」を使って質問します。
「**有沒有＋一般動詞＋過**」の文型になります。

①

ニー　ヨゥー　メイヨゥー　カン　グォー　タイワァンディエンイン
Nǐ　yǒu　méi yǒu　kàn　guò　Táiwān diàn yǐng
A：你 **有 沒有 看 過** 台灣電影？
あなたは台湾映画を**見たことがありますか**？

ヨゥー、　ウォー ヨゥー カァン グォー
Yǒu,　wǒ　yǒu　kàn　guò
B：(肯定) 有，我 **有 看 過**。／

メイヨォ、　ウォー メイ　カァン グォー
Méi yǒu,　wǒ　méi　kàn　guò
(否定) 沒有，我 **沒 看 過**。
はい、**見たことがあります**。／いいえ、**見たことがありません**。

②

ニー　ヨゥー　メイヨゥー　チュィ グォー タイナン
Nǐ　yǒu　méi yǒu　qù　guò　Táinán
A：你 **有 沒有 去 過** 台南？
あなたは台南へ**行ったことがありますか**？

ウォーチュィ グォー リャンツー
Wǒ　qù　guò　liǎng cì
B：(肯定) 我 **去 過** 兩次。／

ウォー メイ　チュィ グォー
Wǒ　méi　qù　guò
(否定) 我 **沒 去 過**。
私は2回**行ったことがあります**。／私は**行ったことがありません**。
※回数に伴うとき"有"はつけません。

04 物事の程度・様態に関する表現

1 物事の程度を示す程度副詞

CD28 2– 

３章で台湾華語（中国語）の形容詞と動詞の文型を学びました。

しかし形容詞や動詞だけでは、物事の程度や様態を充分に説明できないことも多くあります。その場合、形容詞や助動詞／動詞の修飾語として、物事の程度や様態を表す“程度副詞”を加えて、説明する必要があります。

①台湾華語（中国語）でよく使う程度副詞

ｉ）「非常～」（非常に～）

「非常（fēi cháng ／フェイツァン）」は、日本語の“非常に～”、“大変～”と同じ意味で使われ、**この上にないくらい普通の程度を超えていること**を表します。

フェイツァン ガウシン
Fēi cháng gāo xìng
① **非常** 高興。　　非常に嬉しい。

ヅァ ジェン イー フー フェイツァンピャウリャン、カー スー フェイツァングェイ
Zhè jiàn yī fú fēi cháng piào liàng, kě shì fēi cháng guì
② 這 件 衣服 **非常** 漂亮, 可 是 **非常** 貴。

この服は**非常に**きれいです。しかし**非常に**高いです。

＊可是／しかし、でも

ⅱ）「特別～」（特別に～、格別に～）

「特別（tè bié ／タービェ）」は、日本語とまったく同じ意味で使われ、**他とはっきり区別する**ときに使います。

ジンティェンタービェ　マン
Jīn tiān　tè bié　máng
① 今天 **特別** 忙。　今日は**特に**忙しい。

ヅァ　シャウロンバウ　タービェ　ハォチー
Zhè xiào lóng bāo tè bié　hǎo chī
② 這 小籠包 **特別** 好吃。
このショウロンポウは**特に**おいしい。

ⅲ）「太～了」（～過ぎる、すごく～）

「太～了（tài ～ le ／タイ～ラ）」は日本語の“（あまりにも）～過ぎる”“すごく～”にあたり、程度が甚だしいことを表します。

「了」は強調の語気を示す語気助詞で、語尾につけます。否定形は**「不太～」（あまり～ない）**で「了」をつけません。

「**太＋形容詞＋了**」、否定形は「**不太＋形容詞**」の文型になります。

タイハォ　ラ
Tài hǎo　le
① **太好了**。　**素晴らしい**。よかった。
※英語の“wonderful”

ヅァ　シャウロンバウ　タイ　ハォ チー　ラ
Zhè xiǎo lóng bāo tài　hǎo chī　le
② 這 小籠包 **太 好吃 了**。
このショウロンポウは**すごく**おいしかった。

③

ニー　ジンティェン マン　マ
Nǐ jīn tiān máng ma
A：你 今天 忙 嗎？　あなたは今日、忙しいですか？

ハイハォ、　ジンティェンウォーブータイ　マン
Hái hǎo, Jīn tiān wǒ bú tài máng
B：還好，今天 我 **不太 忙**。
まあまあ、今日は**あまり忙しくない**です。
＊還好／まあまあ、そこそこ

iv）「真～」（本当に～、マジ～）、「好～」（なんて～だろう）

「真～（zhēn ／ゼェン）」は、日本語の“本当に～”“マジ～”にあたる「感嘆詞」です。

普通よりやや高い程度を表します。

ヅェン ハォ Zhēn hǎo **真** 好。 いいですね。	ヅェン ピェンイー Zhēn pián yí **真** 便宜。 安いですね。	レン ヅェン ドゥオ Rén zhēn duō 人 **真** 多。 人が多いですね。

※「真～」の代わりに「好～」（なんて～だろう）を使うこともあります。意味は「真～」とほぼ変わりません。

ハォ ハォチー Hǎo hǎo chī **好** 好吃。 **なんて**おいしいんだろう。	ハォ グェイ Hǎo guì **好** 貴。 たかいな！
ハォ ピェンイー Hǎo pián yí **好** 便宜。 安いね！	レン ハォ サウ Rén hǎo shǎo 人 **好** 少。 人が少ないね！

v）「滿～的」（結構～）

「滿（mǎn ／マァン）」は日本語の“結構～ ”“十分～ ”にあたり、程度が十分にあることを表します。

“的”は強調の語気を示す語気助詞で、語尾につけ、「滿」の代わりに**「蠻（mán ／マァン）」**を使う人もいます。

マン　カー アイ　ダ
Mǎn kě ài de
滿 可愛 的！
結構可愛いね！

マン　ブー ツゥオ ダ
Mǎn bú cuò de
滿 不錯 的！
結構悪くない！

マン　ハォ チー　ダ
Mǎn hǎo chī de
滿 好吃 的！
結構美味しいね！

マン　ナン チー　ダ
Mǎn nán chī de
滿 難吃 的。
結構不味い。

ヅァ　タイ　ソゥジー　マン　グェイ ダ
Zhè tái shǒu jī mǎn guì de
這 台 手機 **滿** 貴 的！
この携帯電話、**結構**高いね！

vi）有一點（ちょっと～、少し～）

「有（一）點（yǒu yì diǎn ／ヨォ イー ディェン）」は日本語の“ちょっと～”“少し～”にあたり、**程度がちょっと、少しであることを表し**ます。

「一」はほとんど省略され、「有點～」の形で使われています。“マイナス・ネガティブなニュアンス”が強く、日常生活で使う頻度が高い程度副詞です。

※「有一點」を程度副詞として使う場合は、必ず“有”をつけて「有一點＋形容詞」の文型になります。
日本人はよく“有”が抜けますので注意しましょう。

ウォー ツゥエジン ヨゥーディェンマン
Wǒ zuì jìn yǒu diǎn máng
① 我 最近 **有點** 忙。 私は最近**少し**忙しい。

ヨゥーディェンアー
Yǒu diǎn è
② **有點**餓。 **少し**おなかがすいている。

ヨゥーディェンレイ
Yǒu diǎn lèi
③ **有點**累。 **ちょっと**疲れている。

2 動作の程度・様態補語「得」(〜のが〜だ、〜にしている) 2−

「得（de ／ダ）」は、日本語の"歌を歌うのがとても上手だ"や"華語を上手に話している"というような表現にあたり、**動作や行為がどの程度なのか・どのような状態にしているか**を表します。

「得」は程度・様態補語で、**「動詞＋得＋形容詞／様態（様子）」**の文型になります。

上記の文型は多少わかりにくいかもしれませんが、まず程度・様態補語「得」の構文から見てみましょう。

"田中さんは華語をとても流暢に話しています"という日本語の文の「とても流暢／に／話しています」の部分を台湾華語（中国語）の語順に直すと「話しています／に／とても流暢」になり、上記の文型にあてはめると、

「說＋得＋很 流利」になります。
（動詞）（得）（形容詞／様態（様子））

→田中先生華語說得很流利。
（田中さんは華語をとても流暢に話しています）

※「得〜」は"動作や行為"の程度・様態補語ですので、「得」の前は必ず"動詞"でなければなりません。名詞のままで繋げられないので注意しましょう。

※名詞の場合はそれに対応した動詞をもう一度使って「得」の前に置きます。

①平叙文

ニー　ツゥオ ダ　ヘン　ハォ
Nǐ　zuò　de　hěn　hǎo
① 你 **做** **得** 很 **好**。　あなたは上手に**やった**（よく出来た）。

ジンティェンダ　ニォウロゥミエンツゥオ ダ　タイ　ラー　ラ
Jīn tiān　de　niú ròu miàn zuò　de　tài　là　le
② 今天 的 牛肉麵 **做** **得** 太 **辣** **了**。
今日の牛肉麵はとても**辛く作りました**。

ター　シェ ツー　シェ　ダ　ヘン　ピャウリャン
Tā　xiě zì　xiě　de　hěn　piào liàng
③ 他 **寫字** **寫** **得** 很 **漂亮**。
彼は**字を書くのが**とても**きれいです**。

②否定文

否定文の場合は「不」を形容詞／様態の前に置き、「〜動詞＋得＋不＋形容詞／様態」の文型になります。

ター　シェツー　シェ　ダ　ブー　ピャウリャン
Tā　xiě zì　xiě　de　bú　piào liàng
① 他 **寫字** **寫** **得** **不** **漂亮**。
彼は**字を書くのが**きれい**ではありません**。

ジンティェンダ　ニォウロゥミエンツゥオ ダ　ブー　タイ　ラー
Jīn tiān　de　niú ròu miàn zuò　de　bú　tài　là
② 今天 的 牛肉麵 **做** **得不** 太 **辣**。
今日の牛肉麵はあまり**辛くなく作っています**。

③疑問文

疑問文の場合も、これまで学んだ疑問文の構文要領と同じように、それぞれ「**嗎？**」疑問文と反復疑問文、疑問詞疑問文を作りましょう。

i）「～嗎?」疑問文　「～動詞＋得＋形容詞＋嗎?」

ター　ガーツァン　ダ　ハォ　ティン　マ
Tā　gē chàng　de　hǎo　tīng　ma

他 歌 **唱 得 好 聽 嗎**？

彼は歌を**歌うことが上手ですか**？

ii）疑問詞疑問文

疑問詞疑問文は「**怎麼樣？**」（p 134参照）を使い、「**得**」の後ろにつけます。文型は「**～動詞＋得＋怎麼樣？**」です。

ター　ガーツァン　ダ　ヅェンマヤン
Tā　gē chàng de　zěn me yàng

① 他 歌**唱 得 怎麼樣**？

彼の**歌**（歌うレベル）**はどうですか**？

ニー　ヅゥオツァイヅゥオダ　ヅェンマヤン
Nǐ　zuò cài　zuò　de　zěn me yàng

② 你 **做菜 做 得 怎麼樣**？

あなたの**料理**（の腕）**はどうですか**？

※自然の物事に対しても同じ表現になります。

インホァ　カイ　ダ　ヘン　ツァンラァン
Yīng huā kāi　de　hěn　càn làn

③ 櫻花 **開 得** 很 燦爛。　桜が華やかに**咲き誇っています**。

iii）反復疑問文

反復疑問文は「得」の後ろの部分（形容詞）を、反復疑問にかけます。

文型は「〜動詞＋得＋形容詞＋不＋形容詞」です。

ター　シェツー　シェ　ダ　ピャウリャン　ブー　ピャウリャン
Tā　xiě zì　xiě　de　piào liàng　bú　piào liàng

① 他 **寫字 寫 得** 漂亮 **不** 漂亮？

彼は**字が**きれいに**書けますか**（きれいではないですか）？

ニー　ヅゥオツァイヅゥオダ　ハォ　ブー　ハォチー
Nǐ　zuò cài　zuò　de　hǎo　bù　hǎo chī

② 你 做菜 **做 得 好 不 好吃**？

あなたの料理は**美味しいですか**、**美味しくないですか**？

ちょっと応用〜補語とは

台湾華語（中国語）の「補語」とは、動作や状態などを“補足説明する語”のことで、動詞や形容詞の後ろにさらに動詞や形容詞、介詞（前置詞）をつけて、前の動詞や形容詞の程度、様態や結果、方向、可能などを補足説明として加えます。

動詞	補語	動詞補語
上 上る	去 行く	上去 上がっていく
吃 食べる	完 終わる、切る	吃完 食べ終わる、食べ切る

05 願望と意志、趣味に関する表現

1 願望や意志を表す「想」(～したい)と「要」(～是非したい／～する)

CD30 2－

「想（xiǎng ／シャン）」と「要（yào ／ヤォウ）」は、「想」が日本語の“～したい（願望・希望）、”「要」が“～是非したい、～する（つもり）／（意思）”にあたる助動詞です。

「想／要＋一般動詞」の形で表します。

「要」と「想」を同時に使って「想要」という、折衷的な表現もあります。

①平叙文

ウォー シャン　チュィ タイワァン
Wǒ xiǎng qù Táiwān
① 我 **想** **去** 台灣。　私は台湾**に行きたい**。

ウォーメン ドォウヤォウ フー　カーフェイ
Wǒmen dōu yào hē kā fēi
② 我們 都 **要** **喝** 咖啡。　私たちはみんなコーヒー**を飲みたいです**。

ターメン　シンチーリー　シャンヤォウチー　ダンスゥェイ
Tā men xīng qí rì xiǎng yào qù Dàn shuǐ
③ 他們 星期日 **想要** **去** 淡水。　彼らは日曜日に淡水**に行きたいです**。

②否定文

否定文は、「想」や「要」の前に「不」をつけ、**「不想／不要＋一般動詞」**の文型になります。

※中国語は動詞の前に助動詞がある文を否定をする場合、“否定詞は助動詞の前に”つけます。
語順は**「不＋助動詞＋一般動詞」**です。

想去→不想去／想吃→不想吃

①
ウォーメン ブーシャン カァン ディェンイン、シャン チュィ カーラー オーケー
Wǒ men bù xiǎng kàn diàn yǐng, xiǎng qù kǎ lā OK
我們 **不想** **看** 電影，想 去 卡拉OK。
私たちは映画は**見たくない**。カラオケに行きたい。

ターメン シンチー リー ブー シャン チー シャウロンバウ
Tā men xīng qí rì bù xiǎng chī xiǎo lóng bāo
② 他們 星期日 **不想** **吃** 小籠包。
彼らは日曜日にショウロンポウ**を食べたくない**。

③疑問文

これまでの疑問文の構文要領で、それぞれ「～嗎?」疑問文と疑問詞疑問文、反復疑問文を見てみましょう。

i）「～嗎?」疑問文

①

ニー　シャン チー　ニォウロゥミェンマ
Nǐ　xiǎng chī　niú ròu miàn ma
A：你 **想** **吃** 牛肉麵 **嗎**？

あなたは牛肉麵**が食べたいですか**？

シャン　ブーシャン
Xiǎng　Bù xiǎng
B：想。／不想。　はい。／いいえ。

②

ニーメン　ヤォウ フー　タイワァンチャーマ
Nǐmen　yào　hē　Táiwān chá　ma
A：你們 **要** **喝** 台灣茶 **嗎**？

あなたたちは台湾茶**が飲みたいですか**？

ヤォウ　フーヤォウ
Yào　Bú yào
B：要。／不要。　はい。／いいえ。

ii）疑問詞疑問文

ニー　シンチー　リー　シャン　チュィ ナーリー
Nǐ　xīng qí　rì　xiǎng　qù　nǎ lǐ
① 你　星期日　**想**　**去**　**哪裡**？
あなたは日曜日に**どこへ**行き**たいですか**？

ニーメン　ヤォウ　フー　セェン マ　インリャウ
Nǐ men　yào　hē　shén me　yǐn liào
② 你們　**要**　**喝**　**什麼**　飲料？
あなたたちは**どんな**飲み物**が飲みたいですか**？

ニー　ジンティェン　ワァン サン　シャン　ヤォウチー　セェン マ
Nǐ　jīn tiān　wǎn shàng　xiǎng yào　chī　shén me
③ 你　今天　晚上　想　**要**　**吃**　**什麼**？
あなたは今夜**何が**食べ**たいですか**？

iii）反復疑問文

反復疑問文の場合、"助動詞"を反復疑問します。

「助動詞＋不＋助動詞＋一般動詞」の文型になります。

ニー　シャンブーシャン　チー　タイワァンフォンリー
Nǐ　xiǎng bù xiǎng　chī　Táiwān fèng lí
① 你　**想不想**　**吃**　台灣鳳梨？
あなたは台湾パイナップル**が食べたいですか**？
食べたくないですか？

ニーメン　ヤォウブーヤォウフー　タイワァンチャー
Nǐmen　yào bú yào　hē　Táiwān chá
② 你們　**要不要**　**喝**　台灣茶？
あなたたちは台湾茶**が飲みたいですか**？
飲みたくないですか？

2 趣味や好みを表す「喜歡」(～が好き、～するのが好き) 2– 

「喜歡（xǐ huān ／シーファン）」は、日本語の“好き”にあたり、自分の趣味や好みを他人に話すときに使います。

「喜歡」は、一般動詞と助動詞の両方の機能を持っていますので、

・一般動詞として機能する場合は「**喜歡＋目的語**」（～が好き）
・助動詞として機能する場合は「**喜歡＋動詞＋目的語**」（～するのが好き）

という文型になります。

①平叙文

ウォー シー ホァン マゥハァン ゴウ
Wǒ xǐ huān māo hàn gǒu
我 **喜歡** 貓和 狗。　私は猫と犬が**好きです**。

②否定文

ウォー ブー シー ホァン ター
Wǒ bù xǐ huān tā
我 **不** **喜歡** 他。　私は彼のことが**好きではありません**。

③疑問文

i)「～嗎?」疑問文

ニーメン シーホァン チー シャウロンバウ マ
Nǐ men xǐ huān chī xiǎo lóng bāo ma
① 你們 **喜歡** 吃 小籠包 **嗎**？
あなたたちはショウロンポウを食べるのが**好きですか**？

②

ニー　シーホァン　ヴァ　ジェン　イー　フー　マ
Nǐ　xǐ huān　zhè　jiàn　yī　fú　ma
A：你 **喜歡** 這 件 衣服 **嗎**？
あなたはこの服が**好きですか**？

シーホァン　ブーシーホァン
Xǐ huān　Bù xǐ huān
B：**喜歡**。／**不喜歡**。　**好きです**。／**好きではありません**。

ii）疑問詞疑問文

ニーメン　シー ホァン チー　セェンマ　タイワァンシャウチー
Nǐ men　xǐ　huān chī　shén me Táiwān xiǎo chī
你們 **喜歡** 吃 什麼 台灣小吃？
あなたたちはどんな台湾小吃を食べるのが**好きですか**？

iii）反復疑問文

反復疑問文の場合、“助動詞”を反復疑問します。

「喜不喜歡＋目的語／一般動詞＋目的語」の文型になります。

ニー　シー ホァン ブー　シー ホァン ヴァタイ　ソゥジー
Nǐ　xǐ　huān bù　xǐ　huān zhè tái　shǒu jī
① 你 **喜歡** **不** **喜歡** 這台 手機？
あなたはこの携帯電話が**好きですか**？　**好きではないですか**？

ター　シー　ブー　シー ホァン チー　シャウロンバウ
Tā　xǐ　bù　xǐ　huān chī　xiǎo lóng bāo
② 他 **喜** **不** **喜歡** 吃 小籠包？
彼はショウロンポウを食べるのが**好きですか**？　**好きではないですか**？

06 台湾華語（中国語）の可能表現

台湾華語（中国語）の可能形は日本語や英語より複雑で、可能の対象は「技能・技術」か、それとも「能力や可能・許可」かによって、可能形の助動詞が変わります。

1 「會」（技能・技能ができる、習得する）

CD32
2– 

「會（huì／ホェイ）」は、日本語の「～の技能・技術ができる、習得する」にあたり、**学習や練習、経験などによって身についた技能・技術ができること**を表します。

「會＋動詞＋目的語」（～をすることができる）、否定の場合は「不會＋動詞＋目的語」（～をすることができない）の文型になります。

①平叙文

ティィエンヅォン シェンセン ホェイスゥオ タイワァンホァーユィ
Tián zhōng xiān shēng huì shuō Táiwān huá yǔ

① 田中　先生　**會 說** 台灣華語。

田中さんは台湾華語**が話せます**。

ター　ホェイ ヅゥオ ツァイ
Tā huì zuò cài

② 他 **會** 做 菜。

彼は料理（を作ること）**ができます**。

②否定文

リンムー　シェンセン　ブー　ホェイ　スゥオ　ホァーユィ
Líng mù　xiān shēng　bú　huì　shuō huá yǔ
① 鈴木 先生　**不會** 說 華語。
鈴木さんは台湾華語**が話せません**。

ウォーメン　ドォウ　ブー　ホェイ　ヅゥオ　シャウロンバウ
Wǒ men　dōu　bú　huì　zuò　xiǎo lóng bāo
② 我們 都 **不會 做** 小籠包。
私たちはみんなショウロンポウ**を作ることができません**。

③疑問文

ⅰ）「～嗎?」疑問文

①

ニー　ホェイ　カイ ツェ　マ
Nǐ　huì　kāi chē　ma
A：你 **會 開車 嗎**？
あなたは**車を運転できますか**？

ホェイ　ブーホェイ
Huì　Bú huì
B：**會**。／**不會**。
できます。／できません。

②

ニーメン　ホェイスゥオ　タイワァンホァーユィ　マ
Nǐ men　huì shuō　Táiwān huá yǔ　ma
A：你們 **會 說** 台灣華語 **嗎**？
あなたたちは台湾華語**が話せますか**？

ホェイ　ブーホェイ　ホェイイーディェン
Huì　Bú huì　Huì yì diǎn
B：**會**。／**不會**。／**會**一點
できます。／できません。／少しだけ**できます**。

ii）疑問詞疑問文

ニー　ホェイスゥオ ジーヅォン ユィイエン
Nǐ　huì　shuō jǐ zhǒng　yǔ yán

① 你 **會** **說** **幾種** 語言？

あなたは**何種類の**言語が**話せますか**？

ニー　ホェイセェンマ　ユィンドン
Nǐ　huì　shén me yùn dòng

② 你 **會** **什麼** **運動**？

あなたは**どんなスポーツができますか**？

iii）反復疑問文

反復疑問文の場合、"助動詞"を反復疑問します。
「會不會＋一般動詞」の文型になります。

ニーメン　ホェイブーホェイ バウ　ジャウヅー
Nǐ men　huì bú huì　bāo　jiǎo zi

你們 **會不會** 包 餃子？

あなたたちは餃子を作ることが**できますか**、**できませんか**？

※「會」は〈どれくらいのレベルか〉を具体的に表せないため、「會」と「不會」、「會一點」の３つの答え方しかありません。

2 「能」(～が可能である、～してもよい)

「能（néng ／ネェン）」は、日本語の“～が可能である、～してもよい／して大丈夫”にあたり、「會」より“客観的”ニュアンスを持っています。**「能＋動詞＋目的語」**、否定の場合は**「不能＋動詞＋目的語」**の文型になります。

「能」は可能の対象によって、次の2つの意味を持っています。

2－1 能力・機能を示す「能」
（～の能力がある、～がどこまでできる、～の機能ができる）

CD33 2－

“能力”を示す「能」は、「會」とだいたい同じ意味で使われますが、学習や経験などによって身についた技能・技術について、“どこまでできる”、“どれくらいの能力がある”ということを表します。

また、“機能”を示す「能」は、“～の機能が備わっている”ことを表します。

①平叙文

ヴァタイ　ソゥジー　ネェン ヴァウシャン
Zhè tái shǒu jī néng zhào xiàng
①（機能）這台 **手機 能 照相**。
この**携帯電話は撮影ができます**。

リーシェンセン　ホェイ ヨゥイォン、　ネェンヨゥイーチェンゴンチー
Lǐ xiān shēng huì yóu yǒng, néng yóu yì qiān gōng chǐ
②（能力）李先生 **會 游泳**，**能 游** 1000公尺。
リーさんは**水泳ができます**、1000メートル**泳げます**。
＊游泳／水泳、泳ぐ

6章 台湾華語 基本文型の活用Ⅱ

②否定文

ジォウ ダ ソゥジー ブー ネェン サン ワン
Jiù de shǒu jī bù néng shàng wǎng

① （機能） 舊 的 **手機** **不能** **上網**。

古い携帯電話**はネットに接続できません**。

リンムーシェンセン ホァーユィ ブー ネェンスゥオ ダ ヘン リォウリー
Líng mù xiān shēng huá yǔ bù néng shuō de hěn liú lì

② （能力） 鈴木先生 華語 **不能** **說** 得 很 流利。

鈴木さんは華語が流暢に**話せません**。

ウォーホェイヨゥイォン、 カー スー ブー ネェンヨゥ イーチェン ゴンチー
Wǒ huì yóu yǒng, kě shì bù néng yóu yì qiān gōng chǐ

③ （能力） 我 **會** **游泳**, 可 是 **不能** **游** 1000公尺。

私は**水泳ができます**、しかし1000メートル**は泳げません**。

＊可是／しかし、でも

③疑問文

i）「～嗎?」疑問文

①

ヅァタイ ディェンナウ ネェン サンワン マ
Zhè tái diàn nǎo néng shàng wǎng ma

A：這台 電腦 **能** **上網** **嗎**？

このパソコンは**インターネット**に接続**できますか**？

ネェン ブーネェン
Néng Bù néng

B：**能**。／**不能**。 できます。／できません。

ii）疑問詞疑問文

ニー ネェンスゥオ ジーヅォン ユィ イエン
Nǐ néng shuō jǐ zhǒng yǔ yán

你 **能** **說** **幾種** 語言？

あなたは**何種類の**言語が**話せますか**？

iii）反復疑問文

反復疑問文の場合、“助動詞”を反復疑問します。

「**能不能＋一般動詞**」の文型になります。

ヅァタイ　ディェンナウ　ネェンブーネェン　サンワン
Zhè tái diàn nǎo néng bù néng shàng wǎng

① 這台 電腦 **能不能** **上網**？

このパソコンは**インターネットに接続できますか？ できませんか？**

リンムーシェンセン　ホァーユィ　ネェンブーネェン　スゥオ　ダ　ヘン　リォウリー
Líng mù xiān shēng huá yǔ néng bù néng shuō de hěn liú lì

② 鈴木先生 華語 **能不能** **說** 得 很 流利？

鈴木さんは華語が流暢に**話すことができますか**？ **できませんか**？

CD34
2-

2-2　可能・許可を示す「能」
（～のことが可能だ、～して大丈夫だ）

何かの動作・行為について、ある状況や条件のもとで"可能である"、"してもよい"ということを表します。

動作・行為を許可／禁止する意味もあります。

①平叙文

ター　ミンティエン ネェンライ
Tā　míng tiān　néng lái
①（可能）他 明天 **能** **來**。
彼は明日**来ることが可能です**。／来られます。

シー イエン チュィネェン シーイエン
Xī　yān　qū néng　xī yān
②（許可）吸煙區 **能** **吸煙**。
喫煙区域はタバコを**吸っても大丈夫です**。

ヅァ リー　ネェンティンツェ
Zhè lǐ　néng tíng chē
③（許可）這裡 **能** **停車**。
ここは**駐車してもいいです**。

②否定文

ター　ミンティエン ブーネェン ライ
Tā　míng tiān　bù néng　lái
①（可能）他 明天 **不能** **來**。
彼は明日**来られません**。

ジンイエンチュィ ブーネェン シーイエン
Jìn yān qū　bù néng xī yān
②（禁止）禁煙區 **不能** **吸煙**。
禁煙区域は**喫煙してはなりません**。

③疑問文

ⅰ）「～嗎?」疑問文

①

ニー メン　ミンティェン ネェン ライ　マ
Nǐ men míng tiān néng lái ma
A：你們 明天 **能 來 嗎**？

あなたたちは明日**来られますか**？

ネェン　ブーネェン
Néng　Bù néng
B：**能**。／**不能**。

来られます。／**来られません**。

ⅱ）疑問詞疑問文

ナー リー　ネェン ティンツェ
Nǎ lǐ néng tíng chē
哪裡 能 停車？

どこに駐車できますか？

ⅲ）反復疑問文

反復疑問文の場合、"助動詞"を反復疑問します。
「能不能＋一般動詞」の文型になります。

ヅァ リー　ネェンブーネェン　ティンツェ
Zhè lǐ néng bù néng tíng chē
① 這裡 **能不能 停車**？

ここは**駐車できますか**？　**できませんか**？

※疑問文の場合、人に依頼するときの婉曲的表現としてもよく使われます。

ニー　ネェンソン　ウォー ホェイジャー マ
Nǐ néng sòng wǒ huí jiā ma
② 你 **能 送** 我 回家 **嗎**？

あなたは（私を）家まで**送ってくれませんか**？

6章 台湾華語 基本文型の活用Ⅱ

3 「可以」(~してもよい、~して大丈夫だ)

CD35 2-

「可以(kě yǐ ／カーイー)」は、「能」に比べてより強く、はっきりした表現で使われます。

そのため**強い許可**／**禁止、あるいはやや強めのお願い**というニュアンスがあります。

「**可以**」の肯定表現は、「能」の肯定形例文のすべてに置き換えができます。

しかし、「**能**」より強い表現ですので、否定の場合の「**不可以**」は“禁止”の意味がとても強く、p 196 ／ 06❷2－2の“可能／許可”を示す「能」の否定「不能」のみが置き換えられます。

ヅァタイ　ソウジー　カー イー　ヅァウシャン
Zhè tái　shǒu jī　kě yǐ　zhào xiàng
① (機能) 這台 手機 **可以 照相**。
この携帯電話は**撮影ができます**。

ティェンヅォンシェンセン　ホァーユィ　カーイー　スゥオ ダ　ヘン　リォウリー
Tián zhōng xiān shēng huá yǔ　kě yǐ　shuō de　hěn　liú　lì
② (能力) 田中 先生 華語 **可以 說** 得 很 流利。
田中さんは華語がとても流暢に**話せます**。

ビェンリーサンディェン カーイー　マイ　ガウティエ　ピャウ マ
Biàn lì shāng diàn　kě yǐ　mǎi　gāo tiě　piào　ma
③ (可能) 便利商店 **可以 買** 高鐵 票 嗎？
どのコンビニで台湾高鉄のチケットが**買えますか**？

シーイェンチュィ カーイー　シーイェン
Xī yān qū　kě yǐ　xī yān
④ (許可) 吸煙區 **可以 吸煙**。
喫煙区域はタバコを**吸っても大丈夫です**。

ウェイマン スーバースゥェイブー カー イー ヘー ジォウ
Wèi mǎn shí bā suì bù kě yǐ hē jiǔ

⑤（禁止）未滿 十八歲 **不** **可以** **喝** 酒。

十八歳未満はお酒を**飲んではいけません**。

疑問表現の場合も、「**能**」の疑問文例文のすべてが「**可以**」に置き換えられます。日常会話でどちらを使っても問題はありません。

質問に対する返事は**「能／可以」**、あるいは**「不能／不可以」**で返事します。

「能／可以」の代わりに**「行 (xíng ／シン) ／ OK、いいですよ」**、「不能／不可以」の場合は**「不行（bù xíng ／ブーシン）／ ダメ」**で返事することもできますが、台湾では普通「行」という返事をせず、**「好的（hǎo de ／ハォダ）」**で返事します。

また「行」と「不行」は一言で終わり、後ろにはほかの動詞をつけることができません。

07 ～する勇気がある、必要性がある

1 敢（～する勇気がある）

CD36 2- 

「敢（gǎn ／ガァン）」は、日本語の“～をする勇気がある”や“～れる／られる”にあたり、**何かの動作・行為や物事を“する勇気がある”ことを表します。**

「敢＋動詞＋目的語」、否定の場合は**「不敢＋動詞＋目的語」**の文型になります。

①平叙文

ター　ガァン イー　ガ　レン　カァン コンブーディェンイン
Tā gǎn yí ge rén kàn kǒng bù diàn yǐng

① 他 **敢** 一個人 **看 恐怖電影。**

彼は1人で**ホラー映画が見ることができます。**

②否定文

ウォー ブーガァン イー ガ レン カァン コンブーディェンイン
Wǒ bù gǎn yí ge rén kàn kǒng bù diàn yǐng

① 我 **不敢** 一個人 **看 恐怖電影。**

私は**一人でホラー映画が見ることができません。**

ウォー ブー ガァン カウスゥー ター ヅァ ジェンスー
Wǒ bù gǎn gào sù tā zhè jiàn shì

② 我 **不敢 告訴** 他 **這 件事。**

私は**このことを**彼に**言えません**。／伝えられません。

③疑問文

それぞれ「～嗎？」疑問文と反復疑問文を見てみましょう。

ニー　イーガ　レン　ガァン　チュィ　マ
Nǐ yí ge rén gǎn qù ma
① 你 一個人 **敢 去 嗎**？

あなたは一人で**行けますか**？

ニー　メン　ガァンブーガァン　カウスゥー　ター　ヅァ　ジェンスー
Nǐ men gǎn bù gǎn gào sù tā zhè jiàn shì
② 你們 **敢不敢 告訴** 他 **這 件事**？

あなたたちは**このことを**彼に**言えますか**？　**言えませんか**？

練習

次の文の（　　）に 1. 會 2. 能 3. 可以 4. 敢のいずれかを入れましょう。(答えはｐ206)

①我明天不（　　）來。

私は明日来れません。

②這裡（　　）停車

ここで駐車しても大丈夫です。

③他不（　　）說華語。

彼は華語が話せません。

④田中先生華語（　　）說得很流利。

田中さんは華語が流暢に話せます。

⑤台灣的捷運裡不（　　）吃東西。

台湾のMRTで飲食してはいけません。／なりません。

⑥他們不（　　）吃臭豆腐。

彼らは臭豆腐が食べられません。

⑦未滿十八歲不（　　）喝酒。

十八歳未満はお酒を飲んではいけません。／なりません。

⑧這台舊手機不（　　）上網。

この古い携帯電話はインターネットに接続できません。

⑨他游泳（　　）游1000公尺。

彼は1000メートル泳げます。

⑩我不（　　）做小籠包。

私はショウロンポウが作れません。

2 必要性を示す「得」と「要」(しなければならない、する必要がある) CD37 2–

「得（děi ／デイ）」や「要（yào ／ヤォウ）」は、日本語の“～しなければならない”、“～をする必要がある”にあたり、**何かをする必要性があることを表すとき**に使います。

「得／要＋一般動詞」の文型になります。

「得」と「要」の意味はまったく同じです。

①平叙文

バーバー ミンティェン デイ サンバァン
Bàba míng tiān děi shàng bān
① 爸爸 明天 **得 上班**。

父さんは明日**出勤しなければなりません**。

＊上班／出勤、出勤する

チュィ グーゴンボーウーユェン ヤォウシェン マイ ピャウ
Qù Gù gōng bó wù yuàn yào xiān mǎi piào
② 去 故宮博物院 **要 先 買 票**。

故宮博物院に行くには**先に入場券を買わなければなりません**。

6章

台湾華語 基本文型の活用Ⅱ

②否定文

否定文は**「不用（bú yòng ／ブーヨン）／～する必要がない」**を一般動詞の前につけ、**「不用＋一般動詞」の文型**になります。

“不得”または“不要”ではないので、注意しましょう。

ティェンヅォン シェンセン シンチーリー ブーヨン サンバァン
Tián zhōng xiān shēng xīng qí rì bú yòng shàng bān
① 田中 先生 星期日 **不用** **上班。**
田中さんは日曜日、**出勤する必要がありません。**

チー シャウロンバウ ブーヨン ユィユェー
Chī xiǎo lóng bāo bú yòng yù yuē
② 吃 小籠包 **不用** **預約。**
ショウロンポウを食べるには**予約しなくていいです。**

③疑問文

疑問文の場合、「要不要」や「用不用」を使って質問します。
「要不要／用不用＋一般動詞」の文型になります。

i）「～嗎?」疑問文

①

ニー ミンティェン デイ チュィ ゴンスー マ
Nǐ míng tiān děi qù gōng sī ma
A：你 明天 **得 去 公司 嗎**？
あなたは明日**会社に行く必要がありますか**？

ヤォウ ブーヨン
Yào Bú yòng
B：**要。**／**不用。**
行く**必要があります。**／行く**必要がありません。**

②
ヅゥオ ガウティエ ヤォウ シェン ユィユェー マ
Zuò gāo tiě yào xiān yù yuē ma
坐 高鐵 **要 先 預約 嗎**？
台湾高鉄に乗るには**先に予約しなければなりませんか**？

ブーヨン
Bú yòng
不用。
その**必要はありません**。

ⅱ）疑問詞疑問文

ガウティエ デイ チュィ ナー リー ヅゥオ
Gāo tiě děi qù nǎ lǐ zuò
① 高鐵 **得 去 哪裡 坐**？
台湾高鉄は**どこで乗ればいいのですか**？

ガウティエ ピャウ デイ チュィ ナー リー マイ
Gāo tiě piào děi qù nǎ lǐ mǎi
② 高鐵 票 **得 去 哪裡 買**？
台湾高鉄のチケットは**どこで買えばいいのですか**？

バァン チェンヅェン デイ ダイ セェンマ
Bàn qiān zhèng děi dà shén me
③ 辦 簽證 **得 帶 什麼**？
ビザを申請するには**何を持参すればいいのですか**？
＊辦／申請手続き、簽證／ビザ

iii）反復疑問文

①

チュィイーユェン ヤォウブーヤォウ ユィユェ （グゥアハォ）
Qù yī yuàn yào bú yào yù yuē (guà hào)

A：去 醫院 **要不要** **預約**（掛號）？

病院に行くには**予約する必要がありますか**？ **ありませんか**？

ヤォウ
Yào

B：**要**。

予約する**必要があります**。

※診察を予約することは"掛號（guà hào）"とも言います。

ニー ジンティェン ヤォウブーヤォウ ジャーバァン
Nǐ jīn tiān yào bú yào jiā bān

② 你 今天 **要不要** **加班**。

あなたは今日**残業する必要がありますか**？ **ありませんか**？

P202 練習答え

①2 ②2,3 ③1 ④2,3 ⑤2,3 ⑥4 ⑦2,3 ⑧2 ⑨2,3 ⑩1

08 これまで学んだ「要」の意味と使い方の整理

2– CD38

「要」は概ね次の３つの意味と使い方があります。

1 “要る・欲しい”の意味を示す「要」(動詞)

肯定文型：「要＋目的語」

否定文型：「不要＋目的語」

ニー　ヤォウ　カーフェイ　マ
Nǐ　yào　kā fēi　ma
① A：你 **要** 咖啡 **嗎**？　　コーヒー**はいりますか**。

ヤォ　　ブーヤォ
Yào　　Bú yào
B：**要**。／**不要**。　　**いります**。／**いりません**。

ウォー　ダ　カーフェイ　ヤォウ　ニォウナイ　ブーヤォウ　タン
Wǒ　de　kā fēi　yào　niú nǎi　bú yào　táng
② 我 的 咖啡 **要** 牛奶 **不要** 糖。
私のコーヒーは牛乳**がいります**。砂糖**はいりません**。

2 “是非したい・～する（つもり）”の意味を示す「要」（助動詞）

肯定文型：「要＋一般動詞＋目的語」

否定文型：「不要／不想＋一般動詞＋目的語」

ウォー ヤォウ マイ ディェンナウ
Wǒ yào mǎi diàn nǎo

① 我 **要** **買** 電腦。

私は是非パソコン**を買いたいです**。

※「不要」は“しないで、するな”など禁止の意味もあります。

ブーヤォウ シーイェン
Bú yào xī yān

② **不要** **吸煙**。 タバコ**を吸わないで**。

ブーヤォウ ライ ウォージャー
Bú yào lái wǒ jiā

③ **不要** **來** 我家。 うちに**来ないで**。

3 “しなければならない・する必要性がある”の意味を示す「要」

（助動詞）＝得

肯定文型：「要＋一般動詞＋目的語」

否定文型：「不用＋一般動詞＋目的語」

チュィ イー ユェン ヤォウ ユィユェ
Qù yī yuàn yào yù yuē

① 去 醫院 **要** 預約。

病院に行くには予約する**必要があります**。

シンチー リー ブー ヨン サンバァン
Xīng qí rì bú yòng shàng bān

② 星期日 **不用** 上班。

日曜日は出勤する**必要はありません**。

09 存在を示す「有」と「在」

p 66で「有」の動詞文型を学んだとき、中国語の動詞「有」は、

①所有・所持（～を持っている）
②存在（～がある・いる）

の２つの意味を持っていると説明しました。
ここでは②存在（～ある／いる）の表現を学びましょう。

存在に関する表現は、**「有（yǒu ／ヨゥー）ある／いる」**と**「在（zài ／ヅァイ）ある／いる」**の２つの動詞で表現されます（台湾華語（中国語）は日本語のように“ある”と“いる”の区別がありません）。
文型はこれまで学んだ動詞文型「主語＋動詞＋目的語」と変わりません。

◎「有」文型：
「主語（場所）＋有＋目的語（存在物）」
（～の場所に～がある／いる）
◎「在」文型：
「主語（存在物）＋在＋目的語（場所）」
（～が～（場所）にある／いる）

※ここで注意が必要なのは、“存在”を意味する文の場合、「有」の文の“主語”は必ず「場所」、「在」の文の“目的語”は必ず「場所」になるということです。
２つの文はそれぞれ対応関係にあたります。

1 「有」文型

CD39 2-

①平叙文

イーグェイ リー ヨゥーヘン ドゥオ イー フー
Yī guì lǐ yǒu hěn duō yī fú

① 衣櫃 裡 **有** 很 多 **衣服。**

クロゼットの中にたくさんの**服があります**。

チェンバウ リー ヨォー チェン
Qián bāo lǐ yǒu qián

② 錢包 裡 **有 錢。**

財布の中に**お金があります**。

②否定文

否定の場合、有の前に「**沒**」をつけ、**「主語（場所）＋沒有＋目的語（存在物）」**（～の場所に～がありません／いません）とします。

※「**有**」の否定詞は「**沒**」ですので、注意しましょう。

ツェヅァン チェンミェン メイ ヨォー インハン
Chē zhàn qián miàn méi yǒu yín háng

① 車站 前面 **沒有 銀行。**

駅前に**銀行がありません**。

チェンバウ リー メイヨォー チェン
Qián bāo lǐ méi yǒu qián

② 錢包 裡 **沒有 錢。**

財布の中に**お金がありません**。

③疑問文

ｉ）「～嗎?」疑問文

チェンバウ　リー　ヨォーチェンマ
Qián bāo lǐ　yǒu　qián　ma
錢包 裡 **有 錢 嗎**？

財布の中に**お金があります か**？

ⅱ）疑問詞疑問文

ダイ ヅ　リー　ヨォーセェンマ
Dài zi　lǐ　yǒu　shén me
袋子 裡 **有 什麼**？

袋の中に**何がありますか**？

ⅲ）反復疑問文

ツェヅァン　フー ジン　ヨォーメイヨォーヨォージュイ
Chē zhàn　fù　jìn　yǒu méi yǒu　yóu jú
① 車站　附近 **有沒有 郵局**？

駅の近くには**郵便局がありますか？　ありませんか？**

バン ゴンスー　リー　ヨォーメイヨォーレン
Bàn gōng shì lǐ　yǒu méi yǒu　rén
② 辦公室 裡 **有沒有 人**？

事務室に**人がいますか？　いませんか？**

2 「在」文型

CD40 2-◎

①平叙文

チェンバウ ヴァイ ソゥティバウ リー
Qián bāo zài shǒu tí bāo lǐ
錢包 **在** **手提包 裡。**

財布は**カバンの中にあります。**

②否定文

否定文は、在の前に「不」をつけ、**「主語（存在物）＋不在＋目的語（場所）」**（～が～（場所）にありません／いません）とします。
※存在の「在」の否定詞は「不」ですので、注意しましょう。

インハン ブーヴァイ ジェーユィンヴァン チェンミェン
Yín háng bú zài jié yùn zhàn qián mìan
① 銀行 **不在** 捷運站 **前面。**

銀行は地下鉄駅の**前にありません。**

マゥミー ブー ヴァイ ファンジェンリー
Māo mī bú zài fáng jiān lǐ
② 貓咪 **不在** **房間 裡。**

猫ちゃんは**部屋にいません。**

③疑問文

ⅰ）「～嗎?」疑問文

チェンヅァイ チェンバウ リー マ
Qián zài qián bāo lǐ ma
錢 **在** 錢包 裡 **嗎**？

お金は**財布の中にありますか**？

ⅱ）疑問詞疑問文

ニー シェンヅァイヅァイナーリー
Nǐ xiàn zài zài nǎ lǐ
你 現在 **在** **哪裡**？

あなたは今**どこにいますか**？

ⅲ）反復疑問文

ニー マーマ ヅァイブーヅァイ ジャー
Nǐ māma zài bú zài jiā
① 你 媽媽 **在不在** **家**？
お母さんは**家にいますか**？ **いませんか**？

ウォー ダ ソゥジー ヅァイブーヅァイ ヅゥオヅ サン
Wǒ de shǒu jī zài bú zài zhuō zi shàng
② 我 的 手機 **在不在** **桌子** **上**？
私の携帯電話は**テーブルの上にありますか**？ **ありませんか**？

ちょっと応用～存在表現「有」と「在」によるニュアンスの差異

「有」の文と「在」の文は、それぞれ対応関係にあたりますが、日常会話でまったく自由に置き換えられる訳ではありません。

「有」の文は、場所に"具体的に何か存在物があること"に着目点が置かれ、また「在」の文は、存在物の"具体的・正確な居場所"に着目点が置かれています。

日常会話では場面に応じて適切に使い分けをしています。

また特定の人や物事に対して、いるかどうかや所在を尋ねるときに「在」文型のみで尋ねますので、注意しましょう。

練習

次の文の（　　）に 1.有 2.在のいずれかを入れましょう（答えはp 217）。

①電車裡（　　）很多人。　電車の中に人が大勢います。

②你的手機（　　）桌子上。　あなたの携帯電話はテーブルの上にあります。

③銀行（　　）捷運站旁邊。　銀行は地下鉄駅のそばにあります。

④我家附近（　　）便利商店。　私の家の近くにはコンビニがあります。

⑤百貨公司2樓（　　）女洗手間。　百貨店の2階に女性トイレがあります。

⑥錢包（　　）袋子裡。　財布はカバンの中にあります。

◎中国語の位置と方向を示す「方位詞」

サン ミェン shàng miàn 上面 上	チェン ミェン qián miàn 前面 前	リーミェン lǐ miàn 裡面 中	ヅゥオビェン zuǒ biān 左邊 左
シャー ミェン xià miàn 下面 下	ホウ ミェン hòu miàn 後面 後ろ	ウァイミェン wài miàn 外面 外	イォービェン yòu biān 右邊 右
ドンビェン dōng biān 東邊 東	ナンビェン nán biān 南邊 南	シービェン xī biān 西邊 西	ベイビェン běi biān 北邊 北
パンビェン páng biān 旁邊 側／脇	ドゥエミェン duì miàn 對面 向こう側		

「上面」「下面」「前面」「後面」「裡面」「外面」の「面」は「邊」や「頭（tou ／トゥ）」に替えられます。**上面＝上邊＝上頭。**

意味はすべて同じで、使い分けもありません。

※台湾華語（中国語）は人や物をそのまま場所として表せないので、人や物を場所として使う場合、その後ろに“方位詞”や“場所代名詞”をつけて“場所化”しなければなりません。

ウォー ダ　チェンバウ ヅァイ ナー リー
Wǒ de qián bāo zài nǎ lǐ
① 我 的 **錢包** **在** **哪裡**？　私の**財布はどこにありますか**？

＊錢包(qián bāo ／チェンバウ) ／財布

你的錢包在桌子。(×)

你的錢包在桌子上。(○)

ウォーメイ ツォン ナー リー チュィ
Wǒ men cóng nǎ lǐ qù
② 我們 **從** **哪裡** **去**？　私たちは**どこから行きますか**？

＊從（cóng ／ツォン ～から

我們從你去。(×)

我們從你那裡去。(○)

P215 練習答え

■①1　②2　③2　④1　⑤1　⑥2

6章

台湾華語 基本文型の活用Ⅱ

10 台湾華語（中国語）の介詞（前置詞）

「介詞フレーズ」は動作・行為の時間／場所／対象／方法手段／理由などを、より明確に表す**動詞修飾語**のことです。

「介詞」は英語の“前置詞”や日本語の“助詞”にあたります。必ず、介詞のうしろには目的語を置いて介詞フレーズを作ります。

◎「介詞＋目的語」＝介詞フレーズ

※介詞フレーズ自体は、意味を持たないため、独立語として使えません。

“介詞フレーズ”は、動詞の修飾語として機能するため、動詞の前に置き、文型全体は**「主語＋介詞フレーズ＋動詞＋目的語」**の文型になります。

すべての介詞は同じ文型になります。

否定文の場合は、介詞フレーズの前に“不”か“沒”をつけ、**「主語＋不／沒＋介詞フレーズ＋動詞＋目的語」**の文型になります。

疑問文の場合も、これまでの疑問文と同じ構文要領で、反復疑問文の場合、介詞の部分が反復します。

「主語＋介詞＋不／沒＋介詞フレーズ＋動詞＋目的語」や**「主語＋有沒有＋介詞フレーズ＋動詞＋目的語」の文型**になります。

1 「和」と「跟」(～と)

CD41 2–

「和 (hé ／ hàn フー／ハァン)」または「跟 (gēn ／ゲン)」は、日本語の“と”にあたり、**動作・行為をともにする相手や動作・関係に及ぼす対象、または関連性や比較の対象など物事との関係**を表します。

①平叙文

ウォー ハァン マーマ イー チー チュィ バイフォーゴンスー マイ ドンシー
Wǒ hàn māma yì qǐ qù bǎi huò gōng sī mǎi dōng xī
我 **和** **媽媽** 一起 去 百貨公司 **買** **東西**。
私は**母と**一緒にデパートへ**買い物しに行きます**。

②否定文

ウォー メイハァン マーマ イー チー チュィ バイフォーゴンスー マイ ドンシー
Wǒ méi hàn māma yì qǐ qù bǎi huò gōng sī mǎi dōng xī
我 **沒和** **媽媽** 一起去 百貨公司 **買** **東西**。
私は**母と**一緒にデパートへ**買い物しに行かなかった**。／**行っていません**。

③疑問文

ニー ハァン セイ イー チー チュィ バイフォーゴンスー マイ ドンシ ー
Nǐ hàn shéi yì qǐ qù bǎi huò gōng sī mǎi dōng xī
① 你 **和** **誰** 一起去 百貨公司 **買** **東西**？
あなたは**誰と**一緒にデパートへ**買い物しに行きますか**？

ニー ヅゥオティェン ハァン マーマ イー チー チュィ ナーリー マイ ドンシー ラ
Nǐ zuó tiān hàn māma yì qǐ qù nǎ lǐ mǎi dōng xī le
② 你 昨天 **和** **媽媽** 一起去 **哪裡** **買** **東西** **了**？
あなたは昨日は**お母さまと**一緒に**どこへ買い物しに行きましたか**？

④その他

「和」と「跟」は、日本語の“と”にあたる接続詞としての、機能もあります。2つの物事を連結するときに使います。

ビンシャン リー ヨォーユィ、 ロゥ、 ダァン ハァンニォウナイ
Bīng xiāng lǐ yǒu yú, ròu, dàn hàn niú nǎi
冰箱 裡 有 魚, 肉, **蛋 和 牛奶**。

冷蔵庫の中に魚、肉、**卵と牛乳**があります。
＊冰箱／冷蔵庫

2 「給」(～に～あげる／与える)

CD42 2-

「給（gěi ／ゲイ)」は日本語の動作・行為の対象を示す“～に”にあたり、**「～に～をしてあげる／与える」という意味**を表します。

①平叙文

ウォー ゲイ ゴンスー ダー ディェンホァ
Wǒ gěi gōng sī dǎ diàn huà
我 **給 公司 打 電話**。

私は**会社に電話をします**。

②否定文

ウォー メイゲイ ゴンスー ダー ディェンホァ
Wǒ méi gěi gōng sī dǎ diàn huà
我 **沒給 公司 打 電話**。

私は**会社に電話をしていない**。／**しなかった**。

③疑問文

ニー ゲイ ゴンスー ダー ディェンホァマ
Nǐ gěi gōng sī dǎ diàn huà ma
你 **給 公司 打 電話 嗎**？

あなたは**会社に電話をしますか**？

3 「幫」(～に～手伝ってあげる)

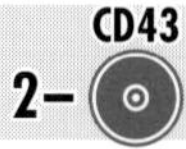

「幫（bāng ／バン）」は日本語の**手伝いの対象を示す“～に”**にあたり、**「～に～を手伝ってあげる／もらう」という意味**を表します。

①平叙文

チン (ニー) バン ウォー ウェイボー バウヅ
Qǐng (nǐ) bāng wǒ wéi bō bāo zi
① 請（你）**幫** 我 **微波** 包子。

肉まんを**チンしてください。**

＊微波／電子レンジで加熱する、＊微波爐（lú ／ルゥ）／電子レンジ

ウォーバン ニー ナー シンリー
Wǒ bāng nǐ ná xíng lǐ
② 我 **幫** 你 **拿** **行李**。 （私はあなたの）**荷物を持ってあげます。**

＊拿／持つ、取る、＊行李／手荷物

②否定文

ウォー ブーバン ニー ナー シンリー、 チン ヅージー ナー
Wǒ bù bāng nǐ ná xíng lǐ, qǐng zì jǐ ná
我 **不幫** 你 **拿** **行李**，請 自己 拿。

（私はあなたの）**荷物を持ってあげません**、自分で持ってください。

＊自己／自分

③疑問文

ヤォウ バン ニン ディン ファンディェンマ
Yào bāng nín dìng fàn diàn ma
① **要** **幫** 您 訂 飯店 **嗎**？

ホテル**を予約してあげる**必要が**ありますか**？

ヤォウ バン ニン ヅゥオ セェンマ マ
Yào bāng nín zuò shén me ma
② 要 **幫** 您 做 什麼 **嗎**?

何か**お手伝いする**必要が**ありますか**？

4 「在」(〜で)

CD44 2-

「**在（zài ／ヅァイ）」は**日本語の動作・行為を行う場所を示す“〜で”にあたり、**「（場所）で〜をする」の意味**を表します。

①平叙文

ウォー ヅァイ ツァンティン チー ニォウロゥミェン
Wǒ zài cān tīng chī niú ròu miàn
我 **在** **餐廳** **吃** 牛肉麵。

私は**レストランで**牛肉麵**を食べます**。

②否定文

ウォー メイヅァイ ツァンティン チー ニォウロゥミェン
Wǒ méi zài cān tīng chī niú ròu miàn
我 **沒在** **餐廳** **吃** 牛肉麵。

私は**レストランで**牛肉麵**を食べなかった**。／食べていません。

③疑問文

ニー　ヴァイツァンティン　チー　ニォウロゥミェン　マ
Nǐ zài cān tīng chī niú ròu miàn ma

① 你 **在** **餐廳** **吃** 牛肉麵 **嗎**？

あなたは**レストランで**牛肉麵を**食べますか**？

②

ウォーメン　ヴァイ　ナー　リー　デン
Wǒ men zài nǎ lǐ děng

A：我們 **在** **哪裡** 等？

私たちは**どこで待ち合わせしますか**？

ウォーメン　ヴァイ　ジェーユィンヴァン　アーハォツゥーコゥデンバ
Wǒ men zài jié yùn zhàn èr hào chū kǒu děng ba

B：我們 **在** 捷運 站 **2號出口** **等** **吧**。

私たちは地下鉄駅の２番出口**で待ち合わせしましょう**。

5 「從」(〜から/より)

CD45 2−

「從（cóng ／ツォン)」は日本語の**動作・作用の場所の起点／出発点、または時間の起点を示す“〜から”**にあたり、**「(場所／時点）〜から」の意味**を表します。

①平叙文

ウォー ツォン タイワァン ライ
Wǒ cóng Táiwān lái
我 **從 台灣** 來。

私は**台湾から**来ました。

②否定文

ティェンヅォン シェンセン ブー ツォン ツェンティェンジーツァン チュィ タイベイ
Tián zhōng xiān shēng bù cóng Chéng tián jī chǎng qù Táiběi
田中 先生 **不 從 成田機場** 去 台北。

田中さんは**成田空港から**台北に行きません。

③疑問文

ニー ツォン ナー リー ライ
Nǐ cóng nǎ lǐ lái
① 你 **從 哪裡** 來？

あなたは**どこから**来ましたか？

ニーメン ツォンユィティェンジーツァン チュィ タイベイ マ
Nǐ men cóng Yǔ tián jī chǎng qù Táiběi ma
② 你們 **從 羽田機場 去** 台北 **嗎**？

あなたたちは**羽田空港から**台北に**行きますか**？

6 「到」(〜まで/〜に)

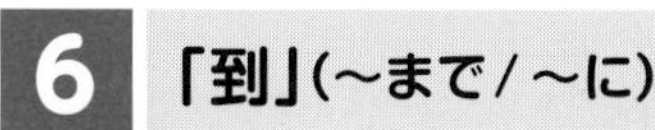

「到(dào ／ダォウ)」は日本語の動作・作用の場所の終点／到達点、または時間の終点を示す“〜まで／に”にあたり、**「(場所／時点）〜まで／に到達する」という意味**を表します。

①平叙文

マーマ ダォウ ツァウスー チュィ マイ ドンシー
Māma dào chāo shì qù mǎi dōng xī
媽媽 **到** **超市** 去 買 東西。

母さんは**スーパーまで**買い物に行きます。

②否定文

マーマ メイダォウ ツァウスー チュィ マイ ドンシー
Māma méi dào chāo shì qù mǎi dōng xī
媽媽 **沒到** **超市** **去** 買 東西。

母さんは**スーパーまで**買い物に**行かなかった**。／行っていません。

6章

台湾華語 基本文型の活用Ⅱ

③疑問文

ニー　ダォウ ナーリー　チュィ マイ　ドンシー
Nǐ dào nǎ lǐ qù mǎi dōng xī
① 你 **到** **哪裡** 去 買 東西？

あなたは**どこまで**買い物に行きますか？

※「從」と「到」は一つの介詞フレーズになることができます。「從A到 B」（AからBまで）の文型になります。

ウォーメン ツォン ドンジン　ダォウ タイワァン チュィ ルィシン
Wǒ men cóng Dōng jīng dào Táiwān qù lǚ xíng
② 我們 **從** **東京** **到** **台灣** 去 旅行。

私たちは**東京から台湾に**旅行に行きます。

7 「離」(～まで)

CD47 2–

「離（lí／リー）」は日本語の"～まで"にあたり、**"距離的または時間的にどれくらい離れる"ことを表します。**

「離」には否定形がありません。

①平叙文

ウォージャーリー ゴンスー ブー ユェン
Wǒ jiā lí gōng sī bù yuǎn

① 我家 **離** **公司** 不 遠。

私の家は**会社まで**遠くありません。

リー ター ダ センリー ハイヨォー スーティェン
Lí tā de shēng rì hái yǒu shí tiān

② **離** 他 的 **生日** 還有 10天。

彼の**誕生日まで**あと10日あります。

②疑問文

ニージャー リー ゴンスー ユェン マ
Nǐ jiā lí gōng sī yuǎn ma

① 你家 **離** **公司** 遠 嗎？

あなたの家は**会社まで**遠いですか？

リー センダンジェー ハイヨォー ジーティェン
Lí Shèng dàn jié hái yǒu jǐ tiān

② **離** **聖誕節** 還有 幾天？

クリスマスまであと何日ありますか？

※「離」は"距離的／時間的にどれくらい離れている"の意味で使われていますので、「到」のような"～場所まで行く／に到達する"という動的使い方ができません。

8 「用」(～で)

CD48 2-⑥

「用（yòng ／ヨォン)」は日本語の**動作・行為を行うための手段・方法を示す“～で”**にあたり、“**（手段/方法）で～をする”という意味**を表します。

①平叙文

ジェジェ　ヨン　シンヨンカー　マイ　ドンシー
Jiě jie　yòng xìn yòng kǎ　mǎi　dōng xī
姐姐 **用** **信用卡** 買 東西。
姉さんは**クレジットカードで**買い物します。

②否定文

ジェジェ　メイ ヨン　シンヨンカー　マイ　ドンシー、　ヨン　シェンジン　マイ
Jiě jie　méi yòng xìn yòng kǎ　mǎi　dōng xī,　yòng xiàn jīn　mǎi
姐姐 **沒用** **信用卡** 買 東西，**用** **現金** 買。
姉さんは**クレジットカードで**買い物**しませんでした**。**現金で**買いました。

③疑問文

ジェジェ　ヨン　シンヨンカー　ハイ スー　ヨン　シェンジン　マイ　ドンシー
Jiě jie　yòng xìn yòng kǎ　hái shì　yòng xiàn jīn　mǎi　dōng xī
姐姐 **用** **信用卡** 還是 **用** **現金** 買 東西？
姉さんは**クレジットカード**、それとも**現金で**買い物しますか？

練習

次の文の（　　）に適切な介詞を入れましょう（答えはｐ231）。

①我不想（　　）她一起去旅行。

②請（　　）我訂機票。

③我星期日（　　）媽媽打電話。

④公司（　　）捷運站不遠。

⑤他（　　）電腦上網。

⑥我（　　）朋友生日禮物。

⑦我們（　　）星巴克喝咖啡。

＊星巴克（xīng bā kè ／シンバーカー）／スターバックス

⑧他（　　）華語寫電子郵件。

＊電子郵件（diàn zǐ yóu jìan ／ディェンヅーイォウジェン）／電子メール

⑨他們（　　）星期一（　　）星期五工作。

⑩你能（　　）我買咖啡嗎？

11 台湾華語（中国語）の比較表現

1 「比」を用いる比較表現①

CD49 2– 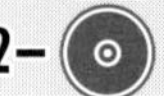

「比（bǐ／ビー）」は日本語の“より”にあたり、「比」を用いる文型は比較対象の「A」と「B」が同時に存在しなければなりません。

「A比B～（AはBより～）」、単純比較する場合は**「A比B＋形容詞」**の文型になります。

①平叙文

ジン ティェン ビー　ヅゥオティェン レェー
Jīn tiān bǐ zuó tiān rè
今天 比 昨天 熱。

今日は昨日より暑い。

②否定文

否定の場合、「比」の代わりに「沒（有）」を使って、**「A＋沒有＋B＋形容詞」**（AはBより～ありません）の文型になります。

ジンティェン メイ ヨォー ヅゥオティェン レェー
Jīn tiān méi yǒu zuó tiān rè
今天 沒有 昨天 熱。

今日は昨日より暑くありません。

③疑問文

ⅰ）「～嗎?」疑問文

タイベイ ビー ドンジン レェーマ
Táiběi bǐ Dōng jīng rè ma
台北 比 東京 熱 **嗎**？

台北は東京より暑いですか？

ⅱ）反復疑問文

反復疑問文は「有沒有」を使って質問します。

文型は**「A＋有沒有＋（比）B＋形容詞」**になります。「比」は省略できます。

タイベイ ヨォーメイヨォードンジン レェー
Táiběi yǒu méi yǒu Dōng jīng rè
台北 有沒有 東京 熱？

台北は東京より暑いですか、暑くないですか。

P229　練習答え

①和,跟　②幫　③給　④離　⑤用　⑥給　⑦在　⑧用　⑨從,到　⑩幫

2 「比」を用いる比較表現②

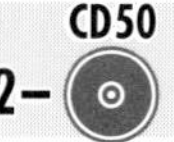

「比」を用いる比較表現は、"数量"や"程度"の差を表すことができます。

「A比B＋形容詞＋数量／程度」（AはBより数量／程度～）の文型になります。

①平叙文

ジンティェン ビー ヅゥオティェン レェー イーディェン
Jīn tiān bǐ zuó tiān rè yì diǎn
今天 比 昨天 熱 **一點**。 今日は昨日より少し暑い。

※日本語の表現と違って、"数量"と"程度"は文末に置きますので、注意しましょう。

②否定文

否定文は、「A＋沒有＋B＋那麼／這麼＋形容詞」（AはBほど～ありません）の文型になります。

ドンジン メイヨォー タイベイ ナーマ レェー
Dōng jīng méi yǒu Táiběi nà me rè
東京 沒有 台北 那麼 熱。

東京は台北ほど暑くない。
＊那麼／そんなに・それほど

※否定文の場合は具体的な"数量"や"程度"の差が表現できません。

③疑問文

ⅰ）「～嗎?」疑問文

ジンティェン ビー ヅゥオティェン レェー イーディェン マ
Jīn tiān bǐ zuó tiān rè yì diǎn ma
今天 比 昨天 熱 一點 **嗎**？

今日は昨日より少し暑い**ですか**？

ⅱ）疑問詞疑問文

ジンティェン ビー ヅゥオティェン レェー ジードゥ
Jīn tiān bǐ zuó tiān rè jǐ dù
今天 比 昨天 熱 **幾度**？

今日は昨日より何度暑い**ですか**？

ⅲ）反復疑問文

反復疑問文は**「A＋有沒有＋B＋那麼／這麼＋形容詞」**の文型になります。

※反復疑問文の場合は「比」をつけず、具体的な“数量”や“程度”の差も表現できません。

ドンジン ヨォーメイヨォー タイベイ ナーマ レェー
Dōng jīng yǒu méi yǒu Táiběi nà me rè
東京 有沒有 台北 那麼 熱？

東京は台北ほど暑い**ですか**、暑く**ありませんか**？

3 「和」や「跟」を用いる比較表現

p 219で「和」と「跟」について学びましたが、「和」や「跟」を用いる比較表現の文型は、**「A 和／跟 B 一様／不一様＋形容詞」**（AはBと同じ／違う〜）で表現されます。

この表現も具体的な“数量”や“程度”の差が表現できません。

①平叙文

ジンティェン ゲン ヅゥオティェン イーヤン レェー
Jīn tiān gēn zuó tiān yí yàng rè
今天 跟 昨天 一様 熱。

今日は昨日と同じくらい暑い。

②否定文

ジンティェン ゲン ヅゥオティェン ブーイーヤン レェー
Jīn tiān gēn zuó tiān bù yí yàng rè
今天 跟 昨天 不一様 熱。

今日は昨日と同じくらい暑くありません。

③疑問文

ｉ）「～嗎?」疑問文

タイベイ　シャーティェン　ゲン　ドンジン　イーヤン　レェー　マ
Táiběi xià tiān gēn Dōng jīng yí yàng rè ma
台北 夏天 跟 東京 一樣 熱 嗎？
台北の夏は東京と同じくらい暑いですか？

ⅱ）反復疑問文

反復疑問文の場合は「一（樣）不一樣」を使い、「A 和／跟B 一（樣）不一樣＋形容詞」で質問します。

ターメイ　リャンレンガ　センガウ　イー　ブーイーヤン　ガウ
Tā men liǎng ge rén shēn gāo yí bù yí yàng gāo
他們 兩個人 **身高 一 不一樣** 高？
彼ら二人の身長は同じですか、同じではないですか？

4 「比較」や「最」を用いる比較表現

「比較（bǐ jiào ／ビージャウ）」は日本語の“比較的に、わりと”、「最（zuì ／ヅゥェイ）」は日本語の“もっとも、一番～ ”にあたります。

それぞれ、

・「A 比較＋形容詞」（Aは比較的に/わりと～）
・「A最＋形容詞」（Aはもっとも/一番～）

の文型になります。

「比較」や「最」を用いる表現は、比較の対象が互いに理解していることが前提で、具体的な“数量”や“程度”の差も表現できません。

①平叙文

ジンティェン ビージャウ レン
Jīn tiān bǐ jiào lěng
① 今天 **比較** 冷。 今日は**わりと**寒い。

ヅァ ジャーディェン ダ シャウロンバウ ツゥェイハォチー
Zhè jiā diàn de xiǎo lóng bāo zuì hǎo chī
② 這 家店 的 小籠包 **最** 好吃。
この店のショウロンポウが**一番**美味しい。

②否定文

否定文は“没有”を用いて、「**A 沒有 比較＋形容詞**」（Aは比較的に～ではありません／わりと～ではありません）とします。

ジンティエン メイヨォー ビージャウ レン
Jīn tiān méi yǒu bǐ jiào lěng
① 今天 **沒有** **比較** 冷。　今日は**わりと**寒く**ありません**。

※「最」文型の否定の場合は“不是”を用いて、「A＋不是＋最＋形容詞」（Aはもっとも～ではありません／一番～ではありません）とします。

ヅァ ジャーディエンダ シャウロンバウ ブースー ツゥエイ ハォチー （ダ）
Zhè jiā diàn de xiǎo lóng bāo bú shì zuì hǎo chī (de)
② 這 家店 的 小籠包 **不是** **最** **好吃**（的）。
この店のショウロンポウが**一番美味しいのではありません**。

③疑問文

i）「～嗎?」疑問文

ヴァリー　ダ　ニォウロゥミエン　ビージャウ　ハォチー　マ
Zhè lǐ　de　niú ròu miàn　bǐ jiào　hǎo chī　ma
① 這裡 的 牛肉麵 **比較 好吃 嗎**？
ここの牛肉麵は**どちらかというと美味しいですか**？

ヴァ　ジャーディエン　ツゥェイビエンイー　マ
Zhè　jiā diàn　zuì　pián yí　ma
② 這 家店 **最 便宜 嗎**？　この店が**最も安いですか**？

ii）反復疑問文

反復疑問文の場合、「比較」の文型は**「A＋是不是/有沒有＋比較＋形容詞」**、「最」の文型は**「A＋是不是＋最＋形容詞」**になります。

ヴァリー　ダ　ニォウロゥミエン　ヨォーメイヨォービージャウ　ハォチー
Zhè lǐ　de　niú ròu miàn　yǒu meí yǒu　bǐ jiào　hǎo chī
① 這裡 的 牛肉麵 **有沒有 比較 好吃**？
この店の牛肉麵は**比較的美味しいですか、美味しくないですか**？

ジンティェン　スー　ブー　スー　ビー　ジャウ　レン
Jīn tiān　shì bú shì　bǐ jiào　lěng
② 今天 **是不是 比較 冷**？
今日は**わりと寒いですね、そうではないですか**？

ヴァ　ジャーディエンスー　ブー　スー　ツゥェイビエンイー
Zhè　jiā diàn　shì　bú　shì　zuì　pián yí
③ 這 家店 **是不是 最 便宜**？
この店が**最も安いですか、そうではありませんか**？

著者紹介

林斯啓（リン・スーチー）

1969年台湾台南市生まれ。
法政大学卒業後、駒澤大学大学院博士後期課程単位取得退学。
2003年より、台湾華語・中国語の翻訳・通訳ならびに、一般・ビジネス語学研修、HSK・中検対策など幅広い分野で講師をつとめている。

欧米・アジア語学センター

1997年設立。40ヶ国語（200人）のネイティブ講師を擁し、語学教育を展開。独自のメソッドによる「使える外国語」の短期修得プログラムを提供している。
その他に、企業向け外国語講師派遣、通訳派遣、翻訳、留学相談、通信教育、オンラインレッスンを行っている。

読む！ 書く！ 聞く！ 話す！
ゼロから1人で台湾華語【CD・ダウンロードデータ付き】　〈検印省略〉

2021年 12 月 22 日 第 1 刷発行

著　者――林 斯啓（リン・スーチー）
　　　　　欧米・アジア語学センター
発行者――佐藤 和夫

発行所――株式会社あさ出版
〒171-0022 東京都豊島区南池袋 2-9-9 第一池袋ホワイトビル 6F
電　話　03 (3983) 3225（販売）
　　　　03 (3983) 3227（編集）
F A X　03 (3983) 3226
U R L　http://www.asa21.com/
E-mail　info@asa21.com
印刷・製本（株）シナノ

note　http://note.com/asapublishing/
facebook　http://www.facebook.com/asapublishing
twitter　http://twitter.com/asapublishing

ISBN978-4-86667-310-3 C0087